1. 羅蘭 巴特攝於 1962 年八月。

2. 3. 4. 1970 年羅蘭 巴特與 Jean-Louis Ferrier ,Michele Cotta, Frederic de Towarnicki 的談話照。

5. 1971 年簽名會。

6.7.　1971 年訪談照。

8.　1977 羅蘭　巴特與 Jacques Henric 合影。

流行體系㈡

流 行 的 神 話 學

Système de la Mode

羅蘭·巴特－著

Roland Barthes

敖　軍－譯

于　範－編審

目　　錄

于序 ……………………………………………………… i

林序 ……………………………………………………… iii

前言 ……………………………………………………… vii

第一部分
流行體系序論（符號學方法）

第一章　書寫的服裝

Ⅰ．三種服裝 …………………………………… 11

Ⅱ．轉換語 ……………………………………… 14

Ⅲ．術語規則 …………………………………… 17

Ⅳ．描　述 ……………………………………… 23

第二章　意義的關係

Ⅰ．共變領域或對比項 ………………………… 33

Ⅱ．意指關係 …………………………………… 38

第三章　在物與詞之間

Ⅰ．同時系統：原則和示例…………………… 43

Ⅱ．書寫服裝的系統 …………………………… 50

Ⅲ．系統的自主性……………………………… 57

第四章　無以窮盡的服裝

Ⅰ．轉形和分形………………………………… 61

Ⅱ．轉形1：從修辭到術語 …………………… 63

Ⅲ．轉形2：從術語到服飾符碼 ……………… 65

Ⅳ．分析的層次……………………………………… 72

Ⅴ．第一分形：意指作用表述……………………… 73

Ⅵ．第二分形：輔助表述…………………………… 77

第二部分
流行體系分析

第一層次　服飾符碼

1.能指的結構

第五章　意指單元

Ⅰ．尋找意指單元…………………………………… 81

Ⅱ．意指母體………………………………………… 83

Ⅲ．對象物、支撐物和變項………………………… 87

Ⅳ．母體各要素之間的關係………………………… 91

Ⅴ．實體和形式……………………………………… 94

第六章　混淆和擴展

Ⅰ．母體的轉形……………………………………… 97

Ⅱ．要素的轉化……………………………………… 98

Ⅲ．要素的混淆……………………………………… 100

Ⅳ．要素的衍生……………………………………… 104

Ⅴ．母體的架構……………………………………… 108

Ⅵ．例行程式………………………………………… 113

第七章　類項的肯定

Ⅰ．類　項…………………………………………… 117

Ⅱ．類項的變化……………………………………… 120

Ⅲ．類項的種類：屬……………………………… 123

　　Ⅳ．類項和屬的關係 …………………………………… 126
　　Ⅴ．類項肯定的功能 …………………………………… 130

第八章　屬項的清單
　　Ⅰ．屬項的構成方式 …………………………………… 133
　　Ⅱ．屬的分類 …………………………………………… 137
　　Ⅲ．屬項的清單 ………………………………………… 139

第九章　存在變項
　　Ⅰ．變項的清單 ………………………………………… 149
　　Ⅱ．同一性變項 ………………………………………… 153
　　Ⅲ．構形變項 …………………………………………… 155
　　Ⅳ．實體變項 …………………………………………… 165
　　Ⅴ．量度變項 …………………………………………… 172
　　Ⅵ．連續性變項 ………………………………………… 181

第十章　關係變項
　　Ⅰ．位置變項 …………………………………………… 191
　　Ⅱ．分布變項 …………………………………………… 195
　　Ⅲ．聯結變項 …………………………………………… 200
　　Ⅳ．變項的變項 ………………………………………… 208

第十一章　系　統
　　Ⅰ．意義，控制的自由 ………………………………… 213
　　Ⅱ．系統產量 …………………………………………… 214
　　Ⅲ．能指的中性化 ……………………………………… 221
　　Ⅳ．類項的系統簡化：趨於眞實服裝 ………………… 224

第十二章　語　段
　　Ⅰ．流行特徵 …………………………………………… 231
　　Ⅱ．語段產量 …………………………………………… 237

　　　Ⅲ． 時裝的永久清單 ……………………………… 242
　　　Ⅳ． 結　論 ……………………………………………… 245

2.所指的結構

第十三章　語義單元
　　　Ⅰ． 世事所指和流行所指 ……………………… 249
　　　Ⅱ． 語義單元 ………………………………………… 250
　　　Ⅲ． 語義單元的結構 ……………………………… 256

第十四章　組合和中性化
　　　Ⅰ． 所指的組合 …………………………………… 259
　　　Ⅱ． 所指的中性化 ………………………………… 264

3.符號的結構

第十五章　服飾符號
　　　Ⅰ． 定　義 ……………………………………………… 275
　　　Ⅱ． 符號的武斷性 ………………………………… 277
　　　Ⅲ． 符號的動機 …………………………………… 279

第二層次　修辭系統

第十六章　修辭系統的分析
　　　Ⅰ． 修辭系統的分析要點 ……………………… 289
　　　Ⅱ． 修辭能指：服飾寫作 ……………………… 292
　　　Ⅲ． 修辭所指：流行的理念 ………………… 295

第十七章　能指的修辭：服裝詩學
　　　Ⅰ． 詩　學 ……………………………………………… 231
　　　Ⅱ． 服裝的修辭所指：幾種模式 ………………… 306

　　　Ⅲ．修辭和社會 ……………………………………… 311

第十八章　所指的修辭：流行的世事
　　　Ⅰ．世事的表示 ………………………………………… 313
　　　Ⅱ．功能和情境 ………………………………………… 317
　　　Ⅲ．本質和模式 ………………………………………… 322
　　　Ⅳ．流行的女性 ………………………………………… 331

第十九章　符號的修辭：流行的理性
　　　Ⅰ．流行符號的修辭轉形 …………………………… 335
　　　Ⅱ．Ａ組：功能符號 ………………………………… 336
　　　Ⅲ．Ｂ組：流行法則 ………………………………… 341
　　　Ⅳ．修辭和時態 ……………………………………… 346

結　　　論

第二十章　流行體系的經濟學
　　　Ⅰ．流行體系的獨創性 ……………………………… 351
　　　Ⅱ．Ａ組：異化和烏托邦 …………………………… 356
　　　Ⅲ．Ｂ組：意義的失落 ……………………………… 361
　　　Ⅳ．流行的雙重體系 ………………………………… 366
　　　Ⅴ．面對系統的分析家 ……………………………… 368

附　　　錄

1.時裝的歷史和歷時……………………………………… 375
2.時裝攝影 ……………………………………………… 383

第二層次　修辭系統

第十六章　修辭系統的分析

「她喜歡學習和驚喜聚會，喜歡巴斯卡、莫札特和酷爵士樂。她穿平底鞋，蒐集小圍巾，羨慕她大哥的普通毛衣和那些寬大膨鬆、婆娑作響的背心。」

I. 修辭系統的分析要點

16-1　分析切點

經由修辭系統，我們碰到了含蓄意指的一般層次。我們看到，這個系統在整體上覆蓋了服飾符碼①，因為它使意指表述變成了新所指的簡單能指。但由於這個表述，至少在有著明確所指的 A 組中，是由一個能指（服裝）、一個所指（「世事」）和一個符號（兩者的結合）組成的，因而在這裡，修辭系統與服飾符碼的每一個要素有了一種自發的關係，而不再是與其總體單獨

---

①參見第3章。

產生關係（就像語言中的情形一樣）。我們或許可以說，在修辭系統中，存在著三個小型的修辭系統，這是依其對象的不同而劃分出來的。服飾能指的修辭，我們稱之為「服裝詩學」（poétique du vêtement）（第17章）；世事所指的修辭，它是流行給予「世事」的表象（第18章）；以及服飾符號的修辭，我們稱之為流行的「理性」（raison）（第19章）。然而，這三種小型修辭系統有著同一類型的能指和同一類型的所指，我們把前者稱為**服飾寫作**，把後者稱為**流行理念**。我們很快將在本章中就此二者進行分析，在此之前，我們先來看後再轉向服飾符碼的三個要素②：

服飾符碼	修辭系統	
Sr：服裝	Sr　　　Sd	
	「服裝詩學」	
Sd：「世事」	「流行的世事」	
服飾符號	「流行的理性」	
	服飾寫作	**流行理念**

16-2　一個例子

在開始不同的分析之前，我們必須對流行體系「進入」的切點提供一個例證，以下面這個表述為例：**她喜歡學習和驚喜聚**

---

②因為服飾寫作以及流行理念已經窮盡了這種分析，我們不再對修辭符號（能指和所指的統一）分別進行研究。

會，喜歡巴斯卡、莫札特和酷爵士樂。她穿平底鞋，蒐集小圍巾，羨慕她大哥的普通毛衣和那些寬大膨鬆、婆娑作響的背心。這是一個意指作用話語③，首先是在服飾符碼層面上，它包括一個能指的表述，即服裝（**平跟；小圍巾；她大哥的普通毛衣；寬大膨鬆、婆娑作響的背心**）。這個能指包含一定數量措辭上節標記（**小、大哥的、婆娑作響的**），作為一個潛在所指，一種理念的修辭能指，或者我們可以說，作為一種「神話」規則，從整體上看，這是時裝雜誌產生的它自身以及衣服的視像，甚至超越了它的服飾意義。其次，這個例子包括一個世事所指的表述（**她喜歡學習和驚喜聚會，喜歡巴斯卡、莫札特和酷爵士樂**）。因為在這裡，它是明確的，所指表述也包括它自身的修辭所指（不同單元的快速更迭交替，明顯無任何規則），以及一個修辭所指，即流行雜誌表現自身的視像，以及試圖呈示出婦女穿著衣服的心理類型。最後，在第三位置上的，表述整體（或意指作用表述）具有一定的形式（使用現在時態，動詞的並列結構：**喜歡、穿著、蒐集、羨慕**），作為最後的完整所指的修辭能指，名義上是雜誌

---

③如果以少女同時穿著所有這些服飾特徵來理解，就是有一種意指作用表述。意指作用的針對對象物是隱含的，它是外套，最終變項是組合變項，由簡單的逗號表示：

$$\frac{\overline{\text{平跟鞋 ，小披巾 ，普通毛衣 ，寬大背心}}}{\overline{\text{V SO}}\ \overline{\text{V SO}}\ \overline{\text{V SO}}\ \overline{\text{V SO}}}$$
$$\overline{\text{S1 V S2 V S3 V S4}}$$
$$O$$

但也可以理解為，這些特徵的任何一個都足以決定所指。因而，有多少基本母體，就有多少意指作用。更何況，這種隱含性對修辭分析毫無影響。

完全以推論方式表現自身，表現服裝和世事之間的同義，即流行。以上是流行的三種修辭對象，但在具體討論它們之前，我們必須先談談修辭系統的能指和所指的一般研究方法④。

II. 修辭能指：服飾寫作

16-3　走向寫作的文體學

修辭能指——不管它考慮的是能指、所指，還是服飾符號——顯然是從語言學分析中產生的。然而，我們在這裡所進行的分析必須一方面揭示含蓄意指現象的存在，另一方面，把寫作與風格區別開來。因為如果我們把**風格**這個術語限定在完全個別的言語上（譬如，一個作家的言語），把**寫作**這個術語限定於集體的但非國民的言語上（例如，由編輯組成的集體的言語），像我們在其他地方試圖採取的那樣⑤，那麼顯然，流行表述不是從一種文體，而完全是從一種寫作中產生的。在描述一件衣服及其使用上，編輯在其言語中不注入任何有關他自己，有關他深層心理的東西，他只是迎合一定的傳統和老一套的口味（可以說是一種**社會氣質**）。更重要的是，以此，我們很快認識了一本時裝雜誌。再進一步，我們會看到，服飾描述的修辭所指組成的集體視

---

④顯然，我們必須區別**修辭能指**和**能指的修辭**。因為在第二種情況下，我們研究的是服飾符碼的能指，這同樣也適用於所指和符號。

⑤《零度寫作》（ *Le degré , zéro de l'écriture* , Seuil , 1953 ）

像會對社會模式，而不是對個人主題產生影響。再說，由於它完全納入簡單的寫作之中，流行表述無法從文學中產生，然而可能是「表達得極為優美的」：它可以偽裝成文學（抄襲它的語氣），但由於文學正是它所意指的，它無法達到文學的境界。為了解釋修辭能指，我們所需要的，打個比方說，就是一種寫作的文體學，這種文體不是矯飾的那一種。我們只是在流行的一般系統中標出其位置，並且在過渡中，標識出修辭**語氣**的最普通的特徵。

16-4　服飾寫作的主要特徵

我們將區分由具體的詞語單元形成的**分節特徵**（ traits segmentaux ）以及與幾個單元同時並存，甚至與整體性的表述並存的**超音段特徵**（ traits suprasegmentaux ）。在第一組中，我們必須很枯燥地列出所有的比喻（**飾件跳起白色芭蕾**），並且以更為一般的方式，列出所有所有語詞「 價值 」中派生出來的特徵。一個很好的例子就是**小**這個單詞。正如我們已經看到的（以後我們將進一步討論），儘管小有其直接意指涵義，它仍屬於術語層（尺寸變項），但就其不同價值來說，它也屬於修辭層面。於是，它採取了更分散的意義，由經濟的（**不貴**）、美學上的（**簡單**）和愛心的（**某人所喜歡的**）細微差別組成。就拿**婆娑作響**這個詞來說（借用以上分析的例子），在其直接意指意義（**模擬葉子或布料沙沙作響的聲音**）之外，它也帶著女性性感的色情原型。而**大哥**這個詞，其指示意義只是**男性**（一個平常的語義單元），有著家庭成員所特有的以及青少年的語言。在更廣泛的意義上，充實這些分節含蓄意指的基本特徵是所謂**形容詞性**（ adjectif）實體（一個比語法上的形容詞更爲寬泛的概念）。對於超音段特徵，我們在這裡必須在初級層面上（因爲它們仍涉及那些與聲音聯繫起來，卻是具體的單元），列出時裝雜誌所慣用的所有韻律遊戲：**寫在書本上，穿在沙灘旁；六套服裝不穿白不穿，穿了也白穿；你的臉——親切，高潔，和諧**（譯註）。然後是某些接近於對句或諺語表達的習慣用語（**小髮帶使它看起來像手工製品**）。最後是並列結構的所有表達方式。例如，快速無序地連續使用動詞（**她喜歡……她羨慕……她穿**）及語義單元，在這裡是獨創性的語義單元（**巴斯卡、莫札特、酷爵士樂**），作爲品味多樣、個性豐富的符號。當超越這些嚴格的文體化現象，而成爲世事所指的問題時，簡單的選擇就足以建立一個含蓄意指的能指：**傍晚時分，在鄉下，秋日的週末，長時間的散步**（這個表述僅僅由平常單元組成），這句話就是在通過簡單情境的並列（術語層），指向一個特定的「心境」，指向一個複雜的社會和情感世界（修辭層）。這種組合現象本身就是修辭能指的一種主要形式，由於流行表述所涉及的單元是從一個符碼產生的，所以，它尤爲活躍。這個符碼很理想化地被置於語言之外（現實中並非如此），從而也就增加了最簡明言語的含蓄意指力量。由於它們的超音段特徵，所有這些要素在修辭系統中扮演的角色，就像是語調在語言中扮演的角色一樣。更何況，語調也是含蓄意指的一個十足的能指⑥。因爲我們討論的是能指（雖然是一個修辭上的能指），服飾寫作的特徵應該分爲對立組或聚合關係組。對分節特徵來說，這易如反掌，但對超音段特徵來講，就困難了

⑥就像動物發出的口頭資訊來說，理解的是含蓄意指（憤怒的口氣、善意的口氣），而不是直接意指（單詞的字面涵義）。

譯註：此處翻譯，參照法文原版。

（像在其他地方對語言音調來說，也一樣）。我們必須等著結構文體學的進一步發展。

Ⅲ. 修辭所指：流行理念

16-5　隱含的和潛在的

在修辭層面上，一般所指是與服飾寫作一致的。這種一般所指就是流行理念。修辭所指受分析的特定情境制約，現在我們就要對這種情境進行研究。這些情境是以修辭所指的獨創特徵為基礎的，這個所指既不明確，也不隱含，它是潛在的。明確所指的一個例子就是 A 組中的服飾符碼：它作為一個所指，通過一個質料對象物：語詞（**週末、雞尾酒會、晚上**）體現出來。隱含所指是語言：在這個系統中，正如我們曾經說過的，能指和所指是以同構標記的⑦，不可能讓所指脫離其能指而客觀化（除非借助於一個定義的元語言）。但同時，孤立一個能指會立即對其所指產生影響。因而，隱含所指既是具體的，同時又是看不見的（像所指一樣），但都是相當清楚的（因為其能指的不連貫性）。為了釋義一個單詞，除了語言之外，也就是除了作為一種功能的系統之外，我們無須其他任何知識。在隱含所指中，意指關係可能是必要的和充分的。語音形式/**冬天**/必須具有某種涵義，並且這種涵義還要足以窮盡**冬天**這個單詞的意指功能。關係的

---

⑦參見13-1。

「閉合」特徵⑧源自語言系統的本質，這個系統的質料是直接意指的。與隱含所指形成鮮明對比的是，**潛在**所指（對所有的修辭所指來說都存在這種情況）有獨創特性，來源於它在整個系統中所處的位置：居於含蓄意指過程的終點，它分享著其構成上的兩重性。含蓄意指一般是把意義偽裝成「自然」的外表，它從來不在一個缺乏意指作用的系統類項下暴露自己。因而，從現象學上講，它並不要求公然使用**閱讀**的操作手段。消耗一個含蓄意指系統（在本例中，就是流行的修辭系統）並不是消耗符號，而只是在消耗原因、目的、意象。由此，含蓄意指的所指在字面上是**隱匿的**（不再是隱含的），要想揭示它——即，最終是爲了重建它——也不再可能像語言系統中的「說者群體」（mass parlante）那樣⑨，依賴於系統使用者群體共享的直接證據。可以說，含蓄意指的符號已毫無必要，因爲，如果閱讀時沒有注意到它，整個表述單憑其直接意指仍是有效的。而且，它也不夠充分，因爲在能指（我們已經看到過它的擴展性，以及超音段特徵）和分散的完整所指之間沒有充分的調整餘地。這個所指的知識含量是不平等的（取決於其消費者是如何教化的），它傾向於精神領域，其中的理念、意象和價值似乎都在一種飄忽不定的語言氛圍裡懸疑，因爲它沒有把自己看作是一個意指系統。當雜誌同時提到**大哥的毛衣**（不是男人的毛衣），或者提到喜歡**驚喜聚會**

---

⑧這是一個建立語言學符號所需的最小結構修件的問題，因爲我們只注意意指作用，沒有將「價值」考慮在內，然而在語言系統，它是最基本的。

⑨不言而喻，即使在語言中，含蓄意指也是隱含性的一個因素，（至少可以說），它把溝通複雜化了。

和巴斯卡、莫札特和酷爵士樂的少女時，無論是第一個表述中多少有點孩子氣的「家庭觀」，還是第二個表述中的折中主義都是所指，其地位是不確定的，因為它們在一個地方被看作是一個簡單性質的簡單表達，而在另一個地方則被看作是一種遠距離的批評方式，以窺出徵象背後的符號。我們可以假設，對讀解服裝的婦女來說，不存在對意指作用的認識，但她從表述中收到的信息是充分結構化的，足以使她跟著改變（例如，重新肯定和確認家庭觀的愉悅氣氛，或者有權喜歡深奧難懂的式樣，和她有著微妙的關係）。有了修辭或潛在的所指，我們一步步接近含蓄意指作用的基本矛盾：可以說，它是一個**收到**後卻不做**讀解**的意指作用⑩。

16-6　修辭所指的「星雲狀態」

在考察這種矛盾對分析過程的影響之前，我們必須指出修辭所指的另一個獨特特徵。以下面的表述為例：**不故弄風情的萬種風情**。它的修辭能指是一種矛盾關係，它結合了兩個對立物，因而，這種能指表明了這樣一種觀點，即書寫流行所關注的世事忽視了對立物，而我們可能會面對兩個獨特對立的特徵。我們並不

---

⑩社會心理學似乎已經知道了潛在資訊的存在。**表現型**（phénotypes）（或外顯行為）和**基因型**（génotypes）（或潛在的、假想的、推斷行為）之間的區別就證明這一點。這個理論是庫姆斯（C. Coombs）建立的，經施特策爾進一步發展〔〈社會學方法論的最新發展〉（Les progrès méthodologiques récents en socioiogie），載於《社會學第四屆世界大會會報》，第2期，倫敦，A.I.A.第267頁。〕

需要在兩者之間進行抉擇，換句話說，這裡的所指是由世事的視野所構成的。這種視野既是混合的，又是愉悅的。現在，這種修辭所指對大量表述來說都是一樣的（**質樸粗獷、淡雅而富有想像力，隨意嚴謹，巴斯卡和酷爵士樂**，等）。因此，對眾多的能指來說，只有幾個修辭所指，就是在這幾個為數不多的所指中，每一個都是一個最小的理念，從某種意義上講，是在潛移默化地滲進更大的理念中去（心情愉悅和混合必然指涉本質、快樂、罪惡等普遍性的觀念）。可以說，只有一種修辭所指，它是由一組未有定義的概念形成的。我們可以將之比做一個龐大的星雲，有著朦朧的連接關係和外形輪廓。這種「星雲狀態」不是系統的缺乏：修辭所指是混亂的，因為它過分依賴於控制信息的個人狀況（就像我們在討論習得的公路符碼時已經指出的那樣⑪），依賴於他們的知識、他們的感覺、他們的道德、他們的意識，以及他們所處文化的歷史狀況。因此，修辭所指的這種混沌一片實則打開了世事一隅，通過其最後的所指，流行到達了其系統的極限：這就是系統觸及整個世事的系統逐漸七零八落。我們悟到，進入修辭面以後，以這種形式展開分析就會趨於放棄形式的精確，變成理念性的。我們認識到賦予其上的界限，這種賦予是同時經由它被言說的歷史世界，以及言說它的世事的存在而進行的。經由一種雙重相反運動，分析家必須避開使用者，以使他們的態度客觀化，並且還要不能把這段距離當做一種實證真理的表現，而是一種特定的、相對的歷史情境。同時，為了理解以不同方式使用的術語，分析者必須既是客觀的，又是身歷其境的。

---

⑪參見3-3。

16-7 「證實」修辭所指的困難

這裡的客觀性是指把修辭定義為可能的，而非一定的。我們無法直接借助於其使用者群體來「證明」修辭所指，因為這個群體並不在**讀解**含蓄意指資訊，而是在**接收**資訊。對這種所指，沒有「證據」，只有「可能性」。然而，這種可能性可以置於雙重控制之下。首先是外在控制。流行話語的閱讀（以其修辭形式）可以通過讓閱讀它的婦女接受非直接採訪而加以證實（這恐怕是最好的手段，因為最終仍是一個重建理念整體的問題）；其次，是內部控制，或更確切地說，是內含於其對象物的。這裡聚集的修辭所指聯合起來形成了世事的普通視像，即一種由雜誌及其讀者構成的人類社會的視界。一方面，流行的世事必須完全被所有的修辭所指浸染，而另一方面，在這一整體中，所有的所指必須在功能上聯結在一起。換句話說，如果修辭所指在其單一的形式上，只是一種**結構**，這種結構就必須是連貫統一的⑫。修辭所指的內部可能性是與其連貫性成比例的。面對實際證明或現實實驗的要求，簡單的連貫性作為一種「證據」恐怕有點不盡如人意。但我們可以逐漸傾向於把它當做一種法則來加以認識，這種法則，即使不是科學的，至少也是啟發性的。一部分現代批評理論的目的就在於通過主題取徑（這種方法與內在分析有關），重建創造性的大千世界。在語言學中，證明其實存的是系統的連貫性（而不是其「使用」），無須承認我們低估了馬克思主義和精神分析學在現代社會的歷史生活中的實際重要性，他們的「成果」

---

⑫顯然，內部連貫性與我們對整個社會的認識不應該是矛盾的。

清單遠不能窮盡他們那些著名的理論。這些理論把它們「可能性」的關鍵部分歸之於它們系統的連貫性。現代認識論中，在證明上似乎總有一種「移位」。當我們從決定論的問題上轉移到意義的問題上時，或以另一種方式對待它們，當社會科學研究的現實部分地因社會本身而轉移到語言時，這種「移位」就是在所難免的了。這就是為什麼動機、符號或傳播的社會學都要求與符號學分析進行合作（除非通過人類言語，否則是無法達到目標的）。再者說，作為語言，社會學最終仍無法擺脫這種分析，從而不可避免地會產生一種符號學家定的符號學。因此，分析家認可了修辭所指以後，他的任務也就即將終結。但這種終點也正是他進入歷史世界之時，在這個世界中，他占據著客觀的位置⑬。

⑬參見20-13。

第十七章　能指的修辭：
服裝詩學

「時髦靴，這是最時髦的短靴！」

I. 詩　學

17-1　物和言

　　一件衣服的描述（即，服飾符碼的能指）即是修辭含蓄意指之所在。這種修辭的特殊性來源於被描述物體的物質屬性，也就是衣服。或許可以說，它是由物質和語言結合在一起決定的。這種情形我們賦之以一個術語：**詩學**（poétique）。當然，語言可以在不具任何「詩意」的情況下作用於事物之上，至少對直接意指表述來說，確實是這樣：一台機器可以經由其組件及其功能的簡單術語，從技術上加以描述。只要描述始終是功能性的，直接意指就是純粹的，它產生於對實際使用的觀點（組裝機器，或使用機器）。但是，如果技術描述只是自我假扮成某一類型的符號性複製品（譬如，在模仿詩文或小說中），那麼，機器就有了含

蓄意指，有了最初的「詩學」。實際上，或許直接意指的眞正標準是語言的過渡性，含蓄意指的標誌是語言的非過渡性（或僞過渡性，或者又是其反身性）。一旦我們從實際功能轉向展示，甚至當這種展示僞裝在功能的表象之下時，就會存在詩學的變化。總之，每一個非過渡性（非生產型）描述都具有某種詩學的可能性，即使這一詩學依據審美價值來說並不完整。因爲，在描述一個物體對象時，如果我們不是爲了組建或使用它，我們總是傾向於把其物質屬性與第二意義聯繫起來，通過我們賦予的顯著特點被意指。每一個非過渡性描述都表示一種虛象。那麼，時裝雜誌描述出來的虛象，其本質是什麼呢？

17-2　罕見和貧乏的修辭

　　我們可以期望衣服創建一個極具詩意的預定目標，首先是因爲它以各種各樣的方式調動起事物的性質：實體、形式、顏色、觸感、運動、硬度、亮度。其次，是因爲它觸及身體並且同時充當其替代品及僞裝面具，它肯定是一個極爲重要的投資對象。文學中經常出現的服飾描述及其特性證明了這種「詩學」傾向。現在，如果我們看著雜誌給予衣服的表述，我們立刻會注意到，流行並不遵循著要賦以其對象以詩學的計劃。它沒有爲實體的精神分析提供任何原始資料。這裡的含蓄意指並不是指一種想像力的操練。首先，在許多實例中，第一系統的能指（即服裝），其表現不具任何修辭。服裝是根據一個純粹而簡單的專業語彙加以描述的，它被剝去了所有的含蓄意指，而完全淪爲直接意指層面，即術語符碼。於是，所有的描述術語都產生於我們先前建立的屬項和類項的清單。在一個像**毛衣和風帽，適於度假村穿的衣服**這

樣的表述中，服裝簡化爲兩個類項的肯定①。這些不完善的例子
證明了一個很有意思的矛盾。流行在服裝層面上是最不具文學性
的，就彷彿面對它自身的存在現實，而趨於客觀，同時又保留著
對世事的，即對於**別處**的服裝，所具有的豐富內涵。這裡包含著
對流行系統直接意指範圍的第一個暗示：流行傾向於直接去指稱
服裝，因爲不管這是多麼地不切實際，它也不會放棄某種**行動**的
計劃，即其語言要有某種過渡性（它必須誘導它的讀者去穿這件
衣服）。其次，即使有服裝的修辭，這種修辭也總是貧乏的。必
須認識到，組成服裝修辭能指的任何隱喻和措詞，都不是以事物
的發散本性爲參照，而是參照由從世俗化的文學傳統中借用過來
的刻板模式，或者借用韻律遊戲（**裙裝柔軟、夢幻**），或者借用
淡而無味的比擬（**一條腰帶如線般細長**）。總之，這是一種平庸
的修辭，即一種缺乏資訊度的修辭。我們可以說，每一次當流行
試圖去含蓄意指一件服裝，在「詩學」隱喻（源自事物的「創造
性」）和刻板模式隱喻（源自自發的文學反應）之間，它總選擇
後者。暖意是多麼富有詩意的含蓄意指，而流行卻寧願去模仿栗
子小販的叫賣聲（**時髦靴！這是最時髦的短靴！**）來達到含蓄意
指。這裡我們假設沒有什麼比多天的「詩意」更爲平庸的了。

17-3　直接意指和含蓄意指：混合術語

　　服裝描述不斷地受到直接意指的壓力，造成了修辭系統在能

---

①然而，在所指層面的表述中（世事）仍保留了一些「修辭」。在這裡，
　度假村（所指）具有一種社會含蓄意指，一種休閒和奢華的含蓄意指。
　並列結構的突然中斷表示一種不容置疑的證明。

指上的稀少和貧乏。每當流行一建立起來，壓力便隨之而來，從某種意義上講，這種建立是在術語層面和修辭層面之間，彷彿它對兩者無法抉擇，彷彿它總帶著一絲悔意，帶著一種術語的誘惑在不斷深入修辭標寫。現在，這些例子已司空見慣。這兩個系統在兩點上是重合的。一是在某些變項上，一是在所謂的混合形容詞的術語層面上②。一路上，我們已經看到，某些類項，儘管屬於直接意指系統，或者至少在第一符碼清單中進行分類的（鑑於它們都與服飾意義的變化有關），它仍有一定的修辭價值。例如，**標記**或**管理**的存在實際上就是基於純粹的術語表達，也就是說，很難將它們準確地「翻譯」成真實（不再是書寫）衣服。它們的文字本性使這些類項天生就具有修辭傾向，甚至無須使其脫離直接意指平面，因為它們擁有術語服飾符碼的所指。對混合形容詞來說，它們都是在語言系統內部同時擁有物質和非物質價值的形容詞，像小、**亮**、**簡單**、**嚴謹**、**婆娑**等。它們因其物質價值而屬於術語層，因其非物質價值而屬於修辭層。在小中（我們在其他地方已經對之進行過分析③），可以輕而易舉地分解兩個系統，因為單詞的指涉價值直接從屬於服飾符碼的聚合關係中（大小變項）產生。但像漂亮、好（**一件很好的旅行茄克**）、嚴謹之類的形容詞，只是大致上屬於直接意指層。**漂亮**屬於小的範圍，**好**屬於**厚**的範圍，**嚴謹**屬於**平整**的範圍（沒有裝飾）。

17-4　能指所指

---

②參見4-3。

③參見3-11，4-3。

　　直接意指的壓力也會作用於系統的另一點上。某些術語可以同時被看作是所指或能指。在**一件男式毛衣**中，**男式**是一個所指，因爲毛衣標記著眞實的男性（社會或世事領域內的）；它又是一個能指，因爲這個術語的使用決定了服裝簡單純粹的狀態。在這裡，我們再度碰到了我們曾經多次注意到歷時現象。某些服裝類項作爲舊的所指「固化」於能指之中（**運動衫、黎塞留式鞋**）。混合形容詞通常表現了這一進程的初始階段，代表著當所指準備「採取行動」，準備固定於一個能指的微妙時刻：只要男性化作爲女性服裝的價值足夠怪異，男性就是一個所指。但是，如果這件衣服的男性化是約定俗成的（而不完全制度化的，因爲要使流行具有意義，就必須保留在女性與男性之間進行選擇的可能性④），**男性**就會變成一個如**運動**一樣成爲「物質性」的標寫。它把一些衣服類項界定爲純粹能指。一個術語從開始的所指逐漸發展成爲能指，這是一段動盪不安的的歷程⑤。把一個所指「固化」爲一個能指，不可避免地就是順著某種直接意指方向，因爲它意味著去刺激一個不起反應的同義系統（能指≡所指），促使它趨向術語化的專業語彙，以便用於過渡性的目的（以組建服裝）。流行接受了賦予其系統服飾部分的直接意指壓力後（或

---

④**女性氣質**仍是一個含蓄意指的術語（經常出現於時裝詞彙系統中）。儘管流行時裝從字面上講完全屬於女性的，因爲在男性和女性之間仍存在著一種緊張狀態。夫妻的存在樣式上使其每一個術語都具有含蓄意指。

⑤這些能指─所指是在什麼地方進行分類的？如果母體被一個變項占滿，混合術語就會轉向世事（社會）領域（**婆娑、寬大的襯裙**）。但是如果混合形容詞直接面對類項（**婆娑的襯裙**），它就具備了一個變項的價值（合身）。

者，至少是已經準備在修辭層和術語層之間進行密切互換）時，它才想起，必須幫助組建服裝，即使是以一種烏托邦的方式。一旦它能影響到服裝時，就會在修辭系統上精打細算，費盡心機。

Ⅱ.服裝的修辭所指：幾種模式

17-5　認知模式：「文化」

　　衣服的修辭系統雖然少得可憐，但卻無所不在。其所指是什麼⑥？由於流行排斥衣服的「詩學」，因而它不是實體的「幻想」。它是社會模式的整體，我們將這個整體分為三大語義領域⑦。第一個領域是由文化或認知模式的網絡構成的。這個整體的能指通常由類項的隱喻化命名組成的。**莫內式（Manet）長裙應該是喜歡繪畫；這件大紅上衣有著土魯斯─勞特累克（Toulouse-Lautrec）般的魅力。**因而，一些文化上推崇的對象，或風格便將它們的名稱給予了服裝，或許可以說，這就是符號的形成模式，它清楚地認識到，類比關係把名稱的主題和某個時期的典型代表聯繫在一起，從而具備了基本的修辭價值。把一件長裙置於莫內的「符號」之下，與其說是為了命名一種樣式，倒不如說是展示某種文化（這種雙重性正是含蓄意指所特有的）。文化的參照物居然如此明確，甚至於人們可以說是**激發或**

---

⑥我們談論的是單一所指，因為，修辭所指是「星雲式的」（16-6）
⑦我們重申，在這裡使用的術語中，**語義**的是指內容層，而非表達層。

啓迪⑧。有四種主要的命名主題：自然的（**花裙、雲裙、如花盛開的帽子，等**）；地理的，涵化於色情主題（**俄國罩衫、徹羅基飾物、日本武士短上衣、塔式袖、鬥牛士領結、加州裙、希臘夏日色**）；歷史的，與地理相對，最初就是它爲樣式提供了整體形式（「**線條**」），它激起「**細節**」（**1900年的時裝、1916年的風格、帝國線條**）；最後是藝術（**繪畫，雕塑，文學，電影**），這是最具激發靈感的主題，其標誌是完全奇思妙想的流行修辭，除非參照物本身是熟知的（**新塔納格拉式線條、滑鐵盧式睡衣、畢卡索式色彩**⑨）。當然（這是含蓄意指的特徵），所有這些修辭能指的所指，嚴格說來，並不是樣式，即使是以統稱方式來看（自然、藝術等）也是這樣。傾向於有所意指的正是文化觀念，在其自身的範疇上，這種文化是一種「世事」的文化，即最終是學院式的；歷史、地理、藝術、自然史，這就是高校女生所學的分類法。流行那些亂七八糟的式樣是從一個少女的書包課本裡借用過來的，她是一個「會趕時髦的聰明人」（如流行所說的），參加羅浮宮學校的學習，旅行時參觀一些展覽和博物館，讀幾本著名的小說。更重要的是，這裡所構成並且意指的社會文化模式完全可以是想像的，它並不需要與閱讀時裝雜誌的女性的實際地位相符，甚至可能只是代表了社會進步的一個理想的程度。

---

⑧「**59年流行一無所有，同時又無所不有：它使人想起了吉吉、莫內、維尼和喬治桑，一個接著一個。**」有時標題更直接。這是**借用詞**，它也是一個文學概念。

⑨高級女裝設計師也能構成一種文化模式。著名的設計師可以作爲一種所指（**香奈兒風格、香奈兒外觀**）。

17-6　情感模式：「愛心」

　　修辭所指包含的第二組模式是情感模式，這裡，我們必須再度從能指開始。我們立即注意到，當流行寫作不是「文化的」、昇華的時候，就會走向另一面：熟悉，甚至是親密，稚氣未脫。其語言也是生活化的，主要靠兩個術語的對立來表達：**好**和**小**（這兩個單詞在這裡是從含蓄意指意義上加以理解的）。**好**（**好厚的羊毛**）包含著複雜的理念：防護、保暖、正確、簡單、健康等。**小**（我們已經多次碰到這個詞）指每一細處的涵義都是措辭得當的（時裝總是委婉的）。但在這個概念深處是一種誘惑的理念，而非保護（**漂亮、美麗**也在小的範圍之內）。**好/小**對立可以從術語上分解爲類似的意義（它證明了修辭層面的現實性和自主性）。**灰**意味著小，而**快樂**意味著**好**。當然，這兩極與衣服的兩個典型意義是一致的：防護和裝飾，保暖和優雅。但它們支持的含蓄意指卻在他處：它帶著一種親情的口吻，是對**一個好母親/一個漂亮的小姑娘**的關係補充。服裝時而柔情愛意，時而惹人憐愛，我們稱此爲衣服的「愛心」（caritatisme）。因此，這裡所意指的是服裝的角色，它一身兼飾兩角：母親和孩子。這個角色完全以孩子的共鳴而定：用寓言似的方式來對待服裝（**公主式睡衣、魔術長裙、一世國王袍**）。這裡衣服的愛心與皇室神話聯繫在一起，在今天的大衆文化裡，則隱藏於頭銜之下，而其重要性更是衆所周知的了。

17-7　流行的「嚴肅性」

　　文化模式和愛心模式儘管在表面上是矛盾的，但它們都有一個共同的目標，它把流行的讀者置於同樣境地，旣是敎導式的，又是孩子式的。因此，簡單的語義分析就能準確無誤地判斷出這一模式讀者的心理年齡：只有少女才會進入高校後，還會在家玩玩具娃娃，即使這些玩具只是她書櫥上的小擺設。總之，服飾修辭也染上了現代社會孩子角色的模糊性。孩子在家裡非常幼稚，在學校裡又過分嚴肅。應該從字面上來理解這種過分。流行旣是**過於**嚴肅的，同時又是**過於**輕浮的。正是在過分這種有目的的互補的作用下，它解決了一直威脅著要破壞其脆弱名望的基本矛盾。就事實來說，流行在文字上不可能是嚴肅的，因爲這有悖於常識（原則上它是受到尊重的），這很容易把流行的行爲視作無意義。反過來，流行不會是諷刺性的，不能威脅到自身的存在。一件衣服，用它自己的語言來說，旣要保持基本部分（它給予流行以生命），又不失去飾件（常識認爲它必須這樣）。由此，一個修辭有時是高尚的，給流行以一種完全命名文化上的安全感：有時又是熟悉的，把服裝轉化爲大千世界的「小東西」⑩。再者，極端嚴肅和過分輕浮的共存並置，作爲流行，修辭的基礎⑪，只能在衣服上重塑西方婦女的神話境地，旣是崇高的，又是

---

⑩另一種「小型化」的語言形式（但具有不同的倫理視野）是由「瘋狂」的主題給予（越來越常見，但仍停留在時裝攝影中）。參見附錄Ⅱ.

⑪如果這是嚴肅與輕浮的辯證關係問題，即，如果流行的輕浮性**直接**被當做完全嚴肅性的，那麼我們就會有一種文學經驗中最崇高的形式，即，一種有關時裝的馬拉海式的辯證運動［馬拉海的《最後的流行》（ *La dernière Mode* ）］。

幼稚的。

17-8　最具生命的模式：「細節」

　　在衣服的修辭中，還存在著一種既不分享符號的崇高，也不涉及其輕浮的第三種模式，因爲它顯然與流行生產的實際（經濟）情況緊密相關。它的能指是由「細節」（這是一個混合術語，直接意指—含蓄意指的，因爲它也屬於式樣淸單⑫）的所有隱喩變化組成的。「細節」包括兩個恆定的互爲補充的主題：細小⑬和創造性。典型的隱喩就是**種子**（ grain ），全部收穫發軔於最初的微小存在「枝末細節」中的「點滴」，轉眼之間，我們即有了充斥著流行意義的一件外套：**一點微乎其微的東西即可改變一切；這些微不足道的東西無所不能；僅僅一個細節就可改變其外表：細節保證了你的個性**，等等。流行給予「細微之處」以極大的語義權力，當然它只是依照它自身的系統，其母體和語鏈都嚴格遵循著通過不起作用的質料散發意義。從結構上講，流行的意義是一段距離下的意義。在這個結構中，散發的核心正是這種「細微之處」，其重要性在於衍生，而不是擴展，從細節到整體有一種繁殖過程，**枝末細節**可以意指**一切**。但這種生命力的幻想並不是不負責任的。流行要成爲公衆價值（若不是通過時裝商

---

⑫例子：**發現、補充、觀念、精煉、標記、語素、強調、奇想、瑣事、枝末細節**。

⑬「細微之處」可以強化，精緻到難以言表的地步（這正是生命的隱喩）：**這些小裙子有一條或像這個、或像那個的腰帶、克勞丁式（ Claudine ）領**。

店，就是憑藉雜誌），就必須把那些建構起來並不困難的意義複雜化。「細節」就是這樣。一個「細節」足以把意義之外的東西變成意義之內的，把不時髦的東西變成時髦，而且一個「細節」的代價也不高。通過這一特殊的語義技巧，流行遠離了奢華，彷彿進入實際接近於中等預算的衣服。但同時，這一低價的細節以**發現**的名義昇華，分享著自由、光榮之類的崇高觀念。細節體現了預算的民主，同時又尊重口味的貴族門第。

Ⅲ. 修辭和社會

17-9　修辭和流行時裝讀者

　　修辭所指的描述不是居於實體詩學的一面，而只是（當它確實存在時）居於社會心理學的角色一面。從其語義學開始，某種流行時裝社會學還是有可能的，因爲流行完全是一個符號系統，修辭所指的變化無疑會導致讀者的變化⑭。在我們所研究的文字體中，服飾修辭的有或無清楚地反映出不同的雜誌類型。貧乏的修辭，即有著強烈直接意指，適應社會地位較高的讀者⑮。相反地，強烈的修辭，主要在文化和愛心所指上進行發展的修辭，對應著更爲「大衆」的讀者⑯。這種對立不難解釋。我們可以說，

⑭由於我們在這裡並不旨在建立流行時裝社會學，這些提示都是大概的，不過，從社會學角度界定每一時裝雜誌，在方法論並不困難。

⑮像《時裝苑》、《流行》雜誌。

有了較高的生活水平就有更多的機會得到想要的（書寫）流行，
直接意指（我們已經討論過它的過渡性特徵）也就重新獲得其權
力。反之，如果生活水平較低，買不起衣服，直接意指就變得毫
無意義，就需要用含蓄意指強烈的系統來補償其無用性。這種系
統的作用就在於製造一個烏托邦式的夢想：夢想得到**一件喜歡繪
畫的莫內式長袍**要比做一件容易得多。然而，這一定律也不是絕
對的。例如，只有當文化投入的受益群體有辦法獲得其文化意象
時，這種投入才是可能的。因此，當兩個相鄰領域：真實的和夢
想的之間存在著緊張關係（以及平衡）時，含蓄意指就是強烈
的：夢儘管不切實際，但卻是唾手可得的。但如果我們降到另一
個文化意象較為貧乏的社會職業領域，系統又會再度趨向直接意
指⑰。總之，我們探討的是一個鐘形曲線，頂部是含蓄意指強
烈、擁有平均水平讀者的系統。兩極是直接意指強烈，讀者水平
要麼很高，要麼很低的系統。但在最後這兩種情況中，直接意指
並不一樣，豪華雜誌的直接意指表示變化豐富的流行，即使，它
完全是描述上的，即沒有修辭的。大眾雜誌的直接意指是貧乏
的，因為它著重於它認為是可以得到的廉價服裝：烏托邦理想，
理所當然地占據了窮人實踐和富人實踐之間的中間位置⑱。

---

⑯像《她》雜誌。

⑰像《時尚新聞》雜誌（最近，還有《小時尚新聞》）。

⑱在所指修辭的分析中，也可以發現這種現象（參見以下章節）。

第十八章　所指的修辭：

流行的世事

「我是一個秘書，我喜歡盡善盡美。」

I.世事的表示

18-1　隱喻和並列結構：流行小說

　　當服飾符碼的所指明確時①，它把世事分解爲修辭所能理解的語義單元，以便「把它們打扮起來」，支配它們，並且從中建立一個世事的本真視像：**晚上週末、散步、春天**，這些從世事中派生出來的飄忽不定的單元，並不表示任何特定的「世事」，任何固定的理念。這就是爲什麼它們總是拒絕在服飾符碼層面上進行分類的原因②。世事的這種修辭構建，就像是眞實的宇宙進

---

①只要所指是隱含的（B組），這個所指就是流行，其修辭與符號的修辭是一致的（參見以下章節）。本章只考慮A組。

②參見13-19。

化，可以通過兩種方法來加以認識（在探討修辭所指時，我們就曾經指出過這一點③）：隱喻和並列結構。世事隱喻的一般作用是把一般（因而也是概念上的）的語義單元轉化爲獨特的偶然性（即使這種偶然性在修辭上是指一種刻板模式）。因而，在**你在鄉間散步以及參觀農場，你的衣服要色彩鮮艷**中，在第一個符碼的要素（**散步·鄉村**）上又加上多餘的重複隱喻（**參觀農場**），這一方面是目標的視像（**農場**）代替了概念（**鄉村**），另一方面又意示著虛像的社會情境。它來源於對一個年輕姑娘所做的整個文學描述（**參觀農場**表示她來自某個莊園，來自某個富貴豪門，來自某個休閒勝地。在那裡，他們把這種鄉村與勞動的混合本質視爲一種異域景象）。至於對並列結構而言，它是通過那種從時斷時續的情景和事物中孕育而生的所謂「氣氛」，而擴大了隱喻力量。**這件法蘭絨上衣適合於那些有點親英，或許還痴於普魯斯特，喜歡去海灘度假的女孩**。度假、海灘、女孩、英式，以及普魯斯特，所有這些憑藉其簡單劃一的相鄰敍述，重新構建了一個熟悉的文學境地，即，諾曼第、博爾貝克（Balbec）的海灘，一群「正當花季的少女」，由此而產生了一個事物和事境的整體，它們不再是通過用途和符號的邏輯關係而相互聯繫，而是受制於全然兩岸的規則，即敍事規則。修辭把語義單元從單純的組合—斷續轉到生動的畫面，或者可以說，是從結構轉向事件。實際上，正是由於修辭的作用，才把產生於結構要素（服飾符碼的語義單元）的那些過分事實化的規則加以精心修飾。由此看來，流行修辭是一種**藝術**（撇開**價值**不談）。其實，敍事受啓於一種結構，然而，它在構成結構的同時，又在遠離結構：農場證實了鄉

---

③參見16-4。

村的存在，但它爲了維護新價值，也掩飾了其他的抽象（語義）本質。用**親歷過程式**的表象（即在傾向性上難以言表的表象）來補償符號的純粹組合，卻又不破壞這種組合。簡單地講，這是一個在符碼及其修辭之間取得某種滑稽平衡的問題。延續至今的那種根本性的模稜兩可使得小說既是結構的，又是事件的，既集中了基本特徵（角色、模式、情境、性格），又是一個環環相連的敘事。在流行的虛構化過程中，結構的力量是很強的，因爲隱喻和並列結構，從信息上講是平庸的，即，它來源於我們耳熟能詳的單元和組合。但它是一個完全置於事件保護之下的結構，或許我們可以稱這種結構的低級形式或者說事件羞澀形式爲**原型模式**（stéréotype）。正是在這種原型模式中，我們發現了流行修辭的平衡，也正是這種原型模式導致了信息假象的出現。它安撫人心，並且造成一種**前所未見**的模糊表象（我們可以說，原型模式的功能就像一個勉強能夠喚起的記憶）。這就是所指修辭精心雕飾的具有虛構語氣的結構情境，把結構僞裝於事件背後。

18-2　分析原則：「工作」的概念

這本小說的「題目」是什麼？或者換句話說，當流行修辭提及「世事」時，它的所指是什麼④？正如我們已經說過的，下面也將提到⑤，只有通過新的元語言，即系統分析學家的元語言，我們才能對其命名。最能解釋流行普遍性的關聯，或者更進一

---

④需要說明的是，可能會提到單獨修辭所指（即使它是由幾個主題組成的），因爲在修辭上，所指是「星雲狀的」。

⑤參見16-5、16-7以及20-13。

步，與其任何一個特徵都不相違背的概念，恐怕就是工作的概念
了⑥。無庸置疑，流行修辭最爲常見、最集中的表現與工作毫無
關係，而恰恰相反地是與它的對立面：休閒有關。但這正是一對
互爲補充的事物：流行的世事是逆向的工作。修辭所指的第一層
網包括所有與人類活動、人們所做的事情有關的單元（以及它們
的隱喩式部分的並列結構）。即使這種活動、這種**做事**（faire,
doing）帶有某種不切實際的因素。一般來講，這就是用以表示
一種活動（即使是休閒活動），或者表示我們假定這種活動進行
的環境的所有功能、所有情境。但是，因爲流行中的「做事」
（不切實際也在於此）最終也不過是存在狀態的一種裝飾標誌，
因爲工作脫離了人們的精神本質和人類模式，就無以存在。並且
由於在流行中，工作不生產人，而是追隨著人，所以修辭所指的
第二層網就包括與人類生存狀態有關的所有單元。因而，流行小
說是圍繞著兩個同義關係而組織起來的。其一，流行提供給讀者
的是一種要麼是由其自身，要麼是由時間、地點的事境所決定的
活動（**如果你想表明你在這裡是幹什麼的，像這樣打扮**）。其
二，它提供了一種特徵供讀解（**如果你想這樣，你必須像這樣打
扮**）。總之，穿著流行的婦女不禁會有這樣四個問題：**誰？何
事？何時？何地**？她（烏托邦式）的服裝至少會解答其中一個問
題⑦。

---

⑥格雷馬斯曾經提出與這個概念有關的語言所指分類。在語言的符號層面
上，**詞彙要符合技術**（〈機械化操作描述中的問題〉（Le problème de la
description mécanographique），載於《詞彙學學報》，I.1959年，第63
頁）。

Ⅱ.功能和情境

18-3 活動情境和節日情境

在做事的範圍內，時髦的女性總是被置於這三個問題中某一個：何事（轉換）？何時（時間）？何地（地點）？顯然我們必須從廣義上理解做事。一個行動只有以伴隨行動的事境（時間和地點）形式，才能完全表現。實際上，流行並不知道什麼真正的轉換⑧，它更注重主體把她的狀態和她採取行動所處的周圍環境聯繫在一起的方式。打獵、打球、購物，這些都是社會形式，而不是技術、行為。流行中包含的事體彷彿就像是一場流產，其主體在行動的時候就被本質的表象撕裂。**為了**行動而穿戴，從某種意義上講，是為了不行動，它只是在不用假設其現實的情況下，展現做事的存在。同樣地，流行中的過渡情境也總像是一種**職業**，即採取主體存在的方式，而不是去有效地轉化現實。從

---

⑦

誰？	存在狀態	本質和模式
何事？ 何時？ 何地？	做事	功能和情境

⑧這是蘇聯對西方流行提出指責，它沒有考慮到工作服。

而，做事固定的概念領域可以用一種有著四個術語的複合對立形式來加以構建。兩個截然對立的術語：**活動情境和節日情境**；一個既包含於活動又包含於節日的複合術語：**運動**；以及一個中立術語（即非活動，也非節日）：**無計劃的**。活動情境本身是貧乏的：工作是未定的⑨，而流行只提邊際性的活動：雜務、逛街、家務、修補、園藝。本質的東西是不確定的，確定的只是瑣碎小事。節日情境要複雜得多，它們是最社會化的。在這裡，娛樂消遣大部分被融入了表象之中（舞場、劇院、儀式、雞尾酒會、節日演出、花園聚會、招待會、旅行團、派對、參觀）。至於運動或許有著最高聲譽，流行以妥協的方式把運動的本質拿來：一方面，只要它固定爲一個能指（**運動衫**），它就適合於所有的活動情境（從而與**實際**有關）；另一方面，只要它是所指，它就獲得了做事的奢華形式。獲得了一種毫無用處的過渡性，它既是活動的，又是閒散的（狩獵、散步、打高爾夫、野營）。毫無目的的是少見（但仍有意義）：**適合於那些沒有計劃的日子**。人總歸要是什麼或者要做點什麼。在這樣一個世界裡，工作的缺乏本身就具有活動的等級。更何況，只有修辭才能用符號表示這種消極活動。

18-4　時間情境：春天、假期、週末

在流行中，節日是至高無上的，它征服了時間：流行時間基本上就是節日時間。無疑地，流行是有著它自己詳細的全年季及

---

⑨一旦我們轉向在社會職業角色的形式上，由他的工作決定了他的存在，情況就不一樣了（參見18-7）。

旺季前的日曆，有一個非常完整的全天重要時刻的時間表（九點、中午、四點、六點、八點、午夜）。然而，有三個時間段是最重要的：在季節中，是春天；在一年中，是假期，在一週中，是週末。當然，每一個季節都有自身的流行。然而，春季的流行是最具節日氣氛的。爲什麼？因爲作爲一個季節，春天是單純的，同時又是神話般的。單純，是因爲它不與其他所指混合在一起（夏裝是適於度假的流行，秋裝是回到按部就班的流行，冬裝是工作的流行）；神話一般，是因爲它利用了大自然的甦醒。流行把這種甦醒占爲己有，然後給它的讀者（假若不是它的購買者的話）一個機會，每年一次加入時間發軔之初的神話中去。春季流行，對現代婦女來說，有點像古希臘的大酒神節或春祭。假期是由一個複合的情境組成的。這些假期受時間循環（一年的週期循環）和氣候（太陽）因素控制，但流行卻賦予它們以另外的環境和價值：大自然（季節、鄉村、山川）和某些活動形式（旅行、游泳、露營、參觀博物館，等）。週末有著豐富的價值，從地理上講，它在城市和鄉村之間形成了一個中間地帶，即，它是作爲一種關係來加以體驗（和品味）的。週末就是對鄉村的擠迫，因而鄉村的優雅本質可以從其極爲明晰的符號中（散步、篝火、老房子），而不是從其毫無意義的隱晦中（厭倦、枯燥雜務）神奇般地領悟到。時間上，星期天因其持續時間（兩天或三天）而被昇華。當然，週末帶有一種社會內涵，它將自身置於和星期天對立的位置上。星期天是一個微不足道、大眾化的日子：從這句話就可以看出這一點：穿上你的星期天盛裝⑩。

---

⑩然而，人們的星期日盛裝仍是實際服裝的一個基本事實。大部分法國人在星期天仍要打扮一下。普通著裝（例如，一個礦工的）只有兩件外套：一件是工作時穿的（或者更爲確切地說，是爲了去上班時穿的），另一件是星期天穿的。

18-5　地點情境：逗留和旅行

　　在所有地點概念的核心都有類似的異化。對流行來說（就像對萊布尼茲來說），處於某一特點的地方就是經過這個地方，也就是說，旅行是流行的最大所在地。「逗留」（séjours）只不過是單一的旅行行程功能中的一端（**城市/鄉村/大海/山川**）。所有的國家有某種吸引力。流行的地理學標計出兩個「異地」，一個是烏托邦式的「異地」，其表現是一切事物都帶著異國情調，異國崇拜是一種逐漸涵化的地理學⑪。另一個是現實的「異地」，它是流行從外部，從現代法國一個完全經濟化和神話般的地方**里維埃拉**借用過來的⑫。流行總是在體味它所嚮往的這些地方，或者把它們作爲一種單純的所在一掠而過，匆然中悟到它的本質。它所直接嵌入的生存空間或要素正是它的目標。這就是爲什麼氣候一個重要的流行能指總是一個突發性的要素，就像**衆多充滿**或**全然**之類的最高級形式所表明的那樣：**陽光充沛，長滿綠樹，鼓滿風**。流行純粹是地點的迅速更迭。

18-6　做事的視像

---

⑪今天，這種異國情調並不一定只有在遙遠的國度裡才會有，而在一些勝地也會有，通常是奧林匹亞地區：卡普里、摩納哥、聖特羅佩（Saint‑Troproz）。

⑫稀奇古怪的是那些不是米迪的地方：**在各地的海灘都很實用，即使不是在南部的海灘**。

　　在我們看來，服飾符碼的語義不連貫性（因爲這種符碼只包含具體的單元）基本上是以分離實存的形式重現於修辭層面，通過其第二系統的含蓄意指，流行不是把人類活動分解爲供組合使用的結構單元（由此會產生一系列技術行爲的分析），而是分解爲在其內部承負自身超驗性的姿勢。可以說，修辭在這裡的功能是把使用轉化爲儀式。**週末、春天和里維埃拉**，在含蓄意指的一面，它們就是一種「景觀」，這裡的「景觀」一詞所具有的涵義就如同一種祭拜儀式中的景觀，或者更恰當地說，一種幻覺理論中的景觀。因爲最終，它純粹是一種想像，無限地重複，不斷地激發。流行的修辭活動擺脫了時間，它沒有集中性，也就是說，它既不會沒落衰敗，也不會令人厭倦。流行假想的活動不會自生自滅。它無疑是建立了一種夢幻似的快樂，這種快樂瞬息之間就被奇蹟般地「截斷」，失去所有的過渡性。因爲週末和購物一旦說出來，就不再需要「做事」，從而，我們認識到流行行爲的雙重特性：它既是感覺上的，同時又是純概念上的。流行修辭應用於做事，看起來就像是一種「準備工作」（在化學涵義上），註定是要把人類活動的主要沈渣清除出去（異化、厭倦、不確定，或更爲根本性的、不可能性），同時又保持它的基本特性，即快樂，以及重新確定一個符號的明晰度：**購物**不再是不可能的、或者浪費金錢的、疲憊不堪的、麻煩的、讓人失望的。購物經歷被簡化爲一種純粹的、值得珍視的感覺。它既是脆弱的，又是頑強的，它揉合了無限的購買力、美麗的承諾、城市生活的興奮，以及毫無意義的忙碌活動的歡欣。

Ⅲ. 本質和模式

18-7　社會職業模式

　　做事因而被簡化為本質的排列，在流行的婦女（修辭的）活動和她的社會專業地位之間，不存在著截然斷裂。在流行中，工作只是一個簡單的參照物，它提供了身分，然後立即丟棄了它的現實性：**秘書、圖書館館員、新聞專員、學生**。這些都是「名稱」，其實就是表示性質的稱謂，而頗為矛盾的是它註定要去發現所謂**做事的存在**。因而，從邏輯上講，流行修辭所說的工作（任何情況下都很少）是由它們表現的情境，而不是它們的技術操作決定的：一個秘書（因為總是以她為題）不是一個打字、整理文件或接電話的婦女，而是一個在高層領導周圍工作的特權人物，她憑藉鄰近關係而滲入上司的本質之中（**我是一個秘書，我喜歡盡善盡美**）。只要流行給予婦女一項工作，這個工作既不是完全高貴（讓婦女真正與男人競爭還是很難讓人接受的），也不是完全低下的，它總是一個「乾淨」的工作：秘書、裝潢師或售書員，並且，這種工作總是屬於那種稱為奉獻型的工作（就像以前的護士和為老人讀書的人一樣）。婦女的身分就此而建立在男人（老闆）、藝術、思想的侍從身上，但這種恭順謙卑在愜意的工作表象下被崇高化了，在「世事」關係的掩飾下被美化了（在這裡表象至關重要，因為它是一個表現服裝的問題）。工作**環境**及其技術非現實之間的這種距離，使得流行的婦女既是道德的

（因為工作是一種價值），同時又是閒散無聊的（因為工作會玷污她）。這說明了為什麼流行可以用同樣的方式來談論工作和休閒。在流行中，所有的工作都是空洞無物的，所有的快樂都是充滿活力的、自發的，甚至可以說是勤勉的。通過行使她對流行的權力，即使是以最不切實際的奢華夢想，這個婦女也總會顯得是**在做些什麼**。再者，地位以其純粹的形式體現了作為一種崇高使命的休閒之間可貴的辯證關係，除非是一個極度艱巨的任務，一個無限的假期，即明星的地位（在流行的修辭中經常使用），它顯然是一個模式（這個地位不會是一個角色）。因此，她只有以萬神殿的方式［丹尼・羅賓（Dany Robin）、弗朗索瓦・薩岡（Francoise Sagan）、科萊特・迪瓦爾（Colette Duval）⑬］，在流行的王國裡占有一席之地。這裡的每一個神都顯得既悠閒自在，又似乎忙得不可開交。

18-8　性格本質：「個性」

職業模式是貧乏的，而精神本質卻是豐富多彩的：**大意、淘氣、尖刻、敏銳、聰明、均衡、粗魯、世故、賣弄風情、嚴肅、天真**，等。流行婦女揉和了細膩分裂的本性，有點類似於古典戲劇「演員」扮演的性格成分。這種類似不是武斷的結論，因為流行把女性當做一種表象來加以呈現，用形容詞的形式來講，人的簡單屬性實際上即是以這種方式吸收了個人的整體存在。在**賣弄風情和天真**中，主語和謂語是雜亂的，所是的和所稱的是混淆

---

⑬明星有著貴族氣質，因為只須受益於她的血緣關係，就能躋身於模特兒地位（**佛朗索瓦・薩岡的母親**）。

的。這種心理的不連貫性有幾個優點（因爲每一個含蓄意指都有一種遁詞的價值）。首先，它是熟悉的，因爲它是從古典文化的一種標準文本中派生出來的。我們從星象學、手相術、基礎筆跡學的心理分析中可以找到。其次，它是明顯的，因爲不連貫性和流動性總是被看作是比連貫性和流動性要更具概念性的，而更重要的是，它使我們得以概括出科學的，從而也就是權威的和回復性的**性質類型學**（「**Ａ型：隨意的；Ｂ型：先鋒的；Ｃ型：古典的；Ｄ型：工作第一的**」）。最後一點，也是最重要的一點，它使性格單元的眞正組合成爲可能，也就是說，它從技術上爲人的近乎無限的豐富性，即流行中所謂的**個性**，提供了幻象。流行個性其實是一個定量的概念，它不像其他地方一樣，由一個特徵的強制力量決定的。本質上，它是普通要素，以及常見細節的獨創組合。這裡的個性是**複合的**，但它並不複雜。在流行中，人的個人化取決於操縱的要素數量，如果可能的話，更取決於它們明顯的對立（**端莊的和堅決的、柔軟的和硬實的、隨意的和精明的**）。這些心理矛盾有了懷舊價值：它們表現出一種整體性的夢想，在這種夢想中，人同時即爲一切，無須進行選擇，即無須特意強調某個特徵（我們知道，流行不喜歡進行選擇，不喜歡傷害任何人）。因而，矛盾在於把特徵的一般性（獨自與流行風格一致）保持在一個嚴格的分析領域：這是積累的一般性，而非綜合的一般性。在流行中，**人**既是不可能的，同時還是完全知曉的。

18-9　同一性和他性：名稱和扮演

細微心理本質的逐漸積累通常是對立的，它只是爲了讓流行給人以一種雙重假設的方式：或給予個性化，或給予多重性，取

決於特徵的集合是否被看作是一種綜合,或者相反,取決於我們
是否假設,這種存在不必僞裝於這些單元之後。流行修辭隨時都
在把雙重夢想:同一和扮演的夢想,置於婦女的範圍。在所有的
大衆工作,以及所有參與其中的人的活動中都可以發現同一的夢
想(成爲某某,並讓這種**自我**得到衆人的認同)。不論我們是把
它看作是異化階級的行爲,還是稱之爲旨在對抗大衆社會的「非
個性化」的補償行爲。一般情況下,同一性的夢想基本上是由一
個名稱的肯定加以表示的,彷彿名稱奇蹟般地如實表現了人。在
流行中,名稱無法直接展現,因爲讀者是不具名的。但當這個讀
者幻想著自己的名字時,她就把自己的特徵轉嫁到幾個個人身
上。這幾個人如萬神殿一般薈萃了衆多的我們通常認爲的明星,
這倒不是因爲她們都是奧林匹亞山的女神,而是因爲她們都有一
個稱號:**阿爾伯特·德·穆恩**(Albert de Mun)**伯爵夫人、蒂埃
里·馮·楚皮倫**(Thierry van Zuplen)**男爵夫人**。無疑,貴族標
籤並非不具有含蓄意指,但它不是決定性的。稱號抽象出來的不
是血脈親緣,而是金錢。**諾尼·菲普斯**(Nonnie Phips)**小姐**是
一個著名人物,因爲她父親在佛羅里達擁有一個農場:名字,就
意味著家庭背景,意味著財富。如果誰缺乏稱號,就像一個空洞
的符號,仍保留著作爲一個符號的功能,繼續在保持著同一性。
這種情況出現於所有穿著衣服並相應得以**命名**的婦女(**安妮、貝
蒂、凱茜、戴瑟、巴芭拉、杰姬**,等⑭)。最終,在專有名詞和

⑭這些姓名並不完全是空洞的,(在一個法國人聽來),它們表現的是某
種崇英熱。更何況,它們很有可能就是國際模特兒和封面女郎的名字。
但封面女郎越來越接近於明星地位,她自己也變成了一個模特兒,而**無
須掩飾她的職業**。

普通名詞之間，不再有本質上的區別。流行甚至可以把它的對象稱爲比金錢更具品味的小姐（ *Mademoiselle Plus-de-goût-d'argent* ），這樣的話，它就更接近於姓氏命名過程的核心。這個名稱是一個絕好的結構模型⑮，因爲它有時可以被看作（虛構地）是一個實體，有時（形式上）被看作是一種差異。對稱號的迷戀旣代表著一種同一的夢想，同時又意味著他性的夢想。因而我們看到，對存在產生幻想的流行自己，旣是自我，又是他者。關鍵在於第二個夢想。我們不斷在流行列舉出來的存在遊戲中，看到這種夢想的痕跡（只須改動這一細節就可變成另外一個人）。在流行文學中，這種轉化神話已司空見慣⑯，就像那些大量的故事和箴言，充滿著服裝神話般的遐想。處於一種簡單存在狀態中的人擴大化以後，總是會被流行看作是一種權力的標誌：**你在發號施令，並且你很可愛；同時裝設計師們在一起，你發現你會是雙重的，你可以過一種雙重的生活**。古老的僞飾主題，神、警察和強盜的基本特性都隱喻其中。而在流行的視野中，戲謔的母題不包括所謂的**眩暈效果**（ aucun vertige ）：它擴大了人，卻不冒險迷失自己，因爲，對流行來說，衣服不是遊戲，只有**符號**的遊戲。在這裡，我們再度發現，任何一個語義系統都具有的慰藉功能。服裝以服飾遊戲的**命名**代替了遊戲（**扮演園工；在你內心中想當童子軍的虛假流露**）。衣服的遊戲在這裡不再是

⑮參見克勞德・李維─史陀：《野性的思維》。

⑯這裡要區別三個概念：(1)大眾的、詩學的概念。服裝（奇蹟般地）製造出人；(2)經驗性的概念。人生產出服裝，通過它**表現**出來；(3)辯證概念。在人和服裝中存在著一道「旋轉門」［沙特：《辯證理性批判》（ *Critique de la raison dialectique* ）］。

存在的遊戲，不再是朗朗乾坤中令人百思不得其解的問題⑰。它不過是一個符號的鍵盤，一個永恆的人從中挑選某一天的娛樂遊戲。它是最後的個性奢侈，豐富多彩，隨你怎麼擴展，它固若金湯，使你不再迷失。因此，我們看到，流行「戲弄」的是人類意識中最嚴肅的主題（**我是誰？**）。但在它接受這一主題的語義過程中，流行給它貼上了同樣的無意義，使它總是受制於對衣服的迷戀，而這，正是流行所追尋、渴望的。

18-10　女　性

對社會職業模式和心理本質，我們還要增加兩個人類學規則的基本所指：性別和身體。流行深諳女性和男性之間的對立，現實本身就要求它這麼去做（即，在直接意指層面上），因為現實總是把男性服裝中得來的特徵轉嫁到女性服裝中。實際上，男性和女性兩類服裝中，完全迥異的符號是很少見的，並且總是停留在細節上（例如，女裝的樣式是扣住的）。女裝幾乎是將所有男裝通盤全收，而男裝只是滿足於「排斥」某些女式服裝的特徵（一個男人不會去穿一件裙子，而女人卻可以穿褲子）。這是因為，異性禁忌對兩者的作用力不同，是社會規範禁止男人的女性化⑱，但對女人的男性化卻網開一面：流行顯然認同的是**孩子式的外表**。**女性**和**男性**各自有著自己的修辭轉換。**女性**可以指一種

---

⑰我是誰？你是誰？同一性的問題，就像斯芬克斯之謎，既是悲劇性的，但又是極具戲謔性的。既是悲劇的問題，又是社會遊戲的問題，這並不妨礙兩個層面的偶然達成一致。在格言中（源於兩極對立遊戲）在真理遊戲中等等。

強調性的、女人味十足的觀念（**一件精緻的女式內衣**）。當**孩子式外表**被標記時，它比性感價值更為短暫，它是一個理想年齡的補償符號，在流行文學中，它假定了**年輕的**日益重要性⑲。**青年**體現了**女人/男人**的複合程度，它趨向於男女不分，但在這一新術語中，更為引人注目的是它淡化了性別，突出了年齡優勢。這就是流行的深層進程，重要的是年齡，而非性別。一方面，我們可以說，模特兒的年輕不斷被強調、維護，因為它天然就受到時間的威脅（而性別則是天賦的），必須不斷重申，年輕是所有衡量年齡的標籤（**仍很年輕、永保青春**），它的脆弱帶來了它的聲譽。另一方面，在一個同質同源的世界裡（因為流行關注的只是女人，一切都是為了女性），自然會期望，對立現象應該轉移到一個可以感知的、理性的變化世界。因此，年齡接受了魅力和誘惑的價值。

18-11　作為所指的身體

黑格爾曾經指出，人的身體與衣服處於意指關係：身體作為一種純粹的感覺能力，是不能意指的。衣服保證了資訊從感覺到意義的傳遞⑳，可以說，這是特殊的所指。但流行意欲指涉的是

---

⑱儘管現代矯飾主義（dandyysme）的某些形式傾向於把男性服飾女性化（**一件毛衣，不著內衣，一條項鏈**）。正如我們將要看到的那樣，兩性會在年輕這個單一符號下面趨於統一。

⑲「**一件小弟穿的運動外套，其中的某些部分可能是從哥哥那裡借過來的。**」

⑳「**衣服凸現了身體的姿態，它保護我們免受像感覺一樣不具任何意指作用的直視，從這個意義上講，它應該被視作一種優點。**」〔黑格爾《美學》（*Esthétique*），巴黎，奧比耶出版社，1944年，第3卷，第1部分，第147頁〕。

哪一部分身體？這裡，流行至少會面對（倘若不是與之衝突的話）一個眾所周知的結構不連貫性，即語言和言語的不連貫性㉑，制度及其現實的不連貫性。流行以三種方式把抽象身體上產生的信息轉移到其讀者的實際身體上。第一個方法是假設一個理想狀態下的具體化的身體，即模特兒、封面女郎的身體。結構上，封面女郎代表了一個不常見的矛盾，一方面，她的身體具有抽象制度習俗的價值，另一方面，其身體又是個人的，兩種情境恰好對應著語言和言語的對立，兩者之間不存在轉移（與語言系統相反）。這種結構上的矛盾完全決定了封面女郎：她的基本功能不是審美感上的，她不是一個傳示「美貌身體」的問題，不受形體完美的權威法則所限，而是一種「變形」的身體，旨在形成某種形式普遍性，即一種結構。由此，封面女郎的身體不是任何人的身體，它純粹是一種形式，不具任何屬性（我們無法說是這個人的或是那個人的身體），經由一種循環論證，它指向服裝自身。這裡的服裝不再負責意指某個豐滿、修長或纖細的身段，而是經由這種完整的身體，在其自身的普遍性中意指它自己。制度與現實之間的第一種調解方法是由攝影（或服飾畫）來完成的。如果我們採用這種方法（儘管有術語規則），那是因為，時裝雜誌對於接受封面女郎的抽象性愈發感到有所顧忌就像我們看到越來越多的「處於某種情境下」的人體攝影，即把體態和姿勢修辭與結構的純粹表象結合起來，以產生身體的特殊的經驗視野時（旅行中的、爐邊的封面女郎㉒，等）事件對結構就越來越構成威脅。在流行對身體所採取的另外兩種方式中，可以清楚地看

㉑參見1-14。

㉒參見附錄Ⅱ。

到這一點，嚴格說來，這兩種方式是文字上的。第一種方式是用每年的規律來斷言某些身段（而不是其他身段）是時髦的（**你有今年的面容嗎？如果你的臉嬌小，特徵完美，帽子尺寸不超過50公分，那麼，你就達到了**）。在純結構和文字做事項上進行調和顯然代表了另一種解決方案。一方面，它無疑是一種結構，因爲模特兒是抽象化地、高貴地、外在地固定於任何一個既定的現實之上，另一方面，這種結構的誕生滲透著做事項。因爲它是季節性的，從經驗上直接體現於某些身體而非另外一些身體之上的，所以，我們不再知道，這種結構是由眞實的東西所啓發的，還是決定著什麼是眞實的。第三種解決辦法是用這樣一種方式來調節服裝，即改變實際身體，努力使它意指流行的理想身體：加長，膨脹，簡化，擴大，收縮，修飾通過這些巧妙手段㉓，流行斷定，它能讓任何事（儘管有實際身體）都劃入它所設定的結構（年度流行）之中。這一方案具有一定的權力感，流行能把所有的感覺化爲它遴選的符號，它的意指力量是無以窮盡的㉔。我們可以看出，這三個方法有著不同的結構價值。在封面女郎中，結構的賦予是不具事境的（一個沒有「言語」的「語言」）。在「時髦身體」中，結構與事境之間是一致的，但這種一致性受時間限制（一年）。在「轉化身體」中，利用藝術（女裝），事境完全受制於結構。但在這所有三種情況中都存在著結構的束縛，

㉓參見20-12。

㉔流行可以超越委婉法則，大談有缺陷的身段。因爲對於糾正這些缺陷，流行自是手到擒來。**我不是依一個模特兒塑造的、我沒有纖纖細腰、我的臀部太大、胸部太豐滿**，等等。就像是浩浩蕩蕩的原告隊伍去起訴雜誌，碰到流行後，就彷彿碰到了慰藉女神。

身體受符號的概念系統控制，感覺在能指中被化解㉕。

Ⅳ.流行的女性

18-12　從讀者到模特兒

　　通常被流行修辭指涉的必須是女性，絕對的年輕，具有強烈的同一性，同時又不失與之矛盾的個性。她叫戴茜或巴芭拉；常見她和德·穆恩伯爵夫人和菲普斯小姐在一起；一位主任秘書，她的職業並不妨礙她全年或整天出現在每個慶祝的情境；每個週末，她都離開城市，不斷旅遊，去卡普里（Capri），去加那利群島（Canaries Islands），去大溪地，每次旅遊，她都去南方；她只願生活在溫和的氣候下，她熱愛所有的一切，從帕斯卡爾到酷爵士樂。在這樣一個怪物身上，我們一眼即可看出那種暫時的妥協，它標誌著大眾文化及其消費者之間的關係。流行的婦女既是讀者的身分，同時又是她夢想成為的身分。她的心理形象幾乎就是大眾文化每天「告訴」她的那些明星。因此，流行的確是在通過它的修辭所指㉖，深深地滲入了這種文化。

18-13　流行的愉悅感

㉕例如，裸露在流行中，不過是穿著時髦的符號而已（**在肩和袖之間露出胳膊，顯出時髦考究**）

㉖並且無疑是其雜誌巨大發行量的結果。

　　然而，流行的婦女在決定方式上有一點和大衆文化的模特兒有所不同。無論就何種程度來說，她都沒有罪惡感。因爲，流行無須考慮她的缺陷，她的難處，它從不提愛情，它旣不知道通姦，也不懂風流，更不用說調情。在流行中，婦女總是與丈夫一起巡遊，她知道錢嗎？很少會懂。當然，她懂得區分大價錢和一般價格。流行教的是如何去「適應」一件衣服，而不是如何使它長久㉗。任何情況下，經濟束縛對婦女來說都不成問題，因爲流行在掙脫束縛上是無所不能的。一件衣服的高價只是爲了證明它的「超值」。金錢從來都不會成問題，更不用說流行可以解決的範圍之內。就這樣，流行以一種單純的狀態縈繞著它所談論的以及與之談論的婦女，一切都是爲在所有可能的世界裡精益求精。這裡存在著流行愉悅的法則（或者是委婉語的法則，因爲我們在這討論的是書寫服裝）。流行的「優雅得體」禁止它帶來任何美感上或道德上的不快，猶如母親般的話語：是母親的語言「保護著」她的女兒不受罪惡的侵襲。但這種系統化的愉悅感對流行顯得尤爲特別（它以前屬於少女文學）。在大衆文化的其他任何產品中（電影、雜誌、通俗小說）都找不到這種愉悅。這些產品的敘事總是戲劇性的，甚至是結局性的，拒絕憐憫是流行修辭裡最引人注目的，正如我們所看到的那樣，這種修辭正逐漸趨向於小說式的風格。如果有可能構思出「什麼都不會發生」的小說並加以計數，文學就不是持續愉悅小說的唯一一個例子㉘。或許流行會贏了這場賭局，因爲它的敘事是片斷的，限制在格調、情境和人

㉗永不磨損不是流行價值之一（因爲流行所必須做的實際上是加快購買的節奏），除非是像一個「款式」的持久性符號一樣：**一件舊皮茄克**。這種情況很少見。

㉘圓滿愉快的結局理所當然地被置於善與惡之間的鬥爭，即屬於一種戲劇效果。

物的引據上，失去了軼事所謂的組織成熟性。總之，流行生產出
了初級的、無形式的、無時間感的小說，並從中獲得了愉悅感。
時間並不出現在流行修辭中，為了重新找回時間及其戲劇效果，
我們必須放棄所指修辭，走向流行符號的修辭。

第十九章　符號的修辭：
流行的理性

「每一位女士都會把她的裙子截至膝蓋以上，穿上淡色格子布衣服，腳穿雙色淺口便鞋。」

Ⅰ.流行符號的修辭轉形

19-1　符號和理性

　　符號是**能指**和**所指**、**服裝**和**世事**、**服裝**和**流行**的統一。但時裝雜誌不是公開地去表現這種符號，它無須去說：**飾件是春天所指的能指；今年，短裙是流行的符號**。而是以一種全然不同的方式說：**飾件營造了春天；今年，裙裝會短式穿著**。通過修辭，雜誌轉換了能指和所指之間的關係，並且用其他關係的幻象（過渡性、終極目標、屬型、偶然性等）替代了純粹的同義關係。換句話說，正是由於流行建立一個嚴格的符號體系，它竭力要給予這些符號以純粹理性的外觀①。眾所周知，流行是至高無上的，其

―――――――――
①有關這一進程的一般結果，參見20.Ⅱ。

符號是武斷隨意的。因此，它必須把符號轉變為一種自然事實，或理性法則：含蓄意指不是無端的。在系統的一般經濟體制中，它負責恢復某種**比率**（ratio）。然而，轉換的行為因 A 組（有著世事和明確的所指）或 B 組（把流行作為隱含所指）的情況不同而有所差異。在第一種情況下，符號借著用途、功能的掩護，它的**比率**是經驗的、自然的。在第二種情況下，符號採取的是既成事實或理念的形式，其**比率**是法定的、制度化的。但就算是在 A 組中，流行也同樣會表現出含蓄意指中介系統的修辭所指②。因此，流行的法定**比率**最終適用於所有的表述。

Ⅱ.A 組：功能符號

19-2　真實服裝中的符號和功能

　　我們可能很容易就把純粹功能性的衣服（牛仔服）和純粹符號的流行形成對立，甚至是當它的符號還隱含於功能之後時（**適於雞尾酒會的一件黑裙**）。這種對立或許是不嚴密的。不論它有怎樣的功能，真實服裝總包含有敘事性因素，就像每一個功能至少都有其自身的符號一樣。牛仔服適於工作時穿，但它也「述說著」工作。一件雨衣防雨用，但它也意指了雨。功能和符號之間（在現實中）的這種交換運動或許在許多文化事物中都存在著。例如，食物既取決於一種生理需求，又是以語義的地位為基礎

---

②參見3-7。

的。食品滿足著，並且意指著，它同時是一種滿足和交流③。實際上，一旦構造的規範取代了功能，功能與規範的關係就變成了事物與結構之間的關係。每一個結構都表示不同的形式（單元）系統，功能變成了**可讀解的**，而不再只是過渡性的了。因而，尚未規範化（標準化）的事物就完全被純粹**實踐**所窮盡，每一個事物也都是一個符號④。為了發現純功能性的符號，有必要設想一種臨時性事物，例如，羅馬士兵披在肩上用以遮雨的形式各異的蓋布。但是，一旦這種臨時代用的衣服製造出來，可以說，以**連帽氅衣**的名稱制度化以後，防護功能就被系統的社會系統取而代之。連帽氅衣與其他服裝形成了對立，並指涉其用途的觀念，就像一個符號與其他符號形成對立並表達一定意思一樣。這就是為什麼，一旦實在事物標準化以後（今天還有其他類型的事物嗎？），我們必須談**功能─符號**，而不說功能。文化物因其社會本質而擁有一種語義使命，就符號來說，它很容易把自身與功能分離，自行其事，一旦我們從這一點上理解，那麼，功能就會被簡化到計謀或藉口的行列。**寬邊牛仔帽**（防雨，遮陽）充其量不過是所謂「西部」的符號而已；「運動」茄克不再具有審美功能，而只是作為一個符號，相對於**穿著考究**而存在；**牛仔褲**變成了休閒的符號，等等。當社會的標準化事物不斷增加時，意指作用的進程變得日益強烈，它彷彿是在以形式的差異系統豐富性來促生著越來越複雜的物體語彙系統。正因為如此，現代技術社會

③功能─符號屬於所謂的次級系統，其存在並不完全在於意指作用上。

④因此，我們期待著從技術社會裡派生出來新的事境，能夠賦予事境中的人們以直接閱讀主導的認知。弗里德曼在1942年曾經指出過這一點〔見《亞歷山大・科耶文集》（*Mélanges Alexandre Koyré*），第178頁〕。

輕易地就可以把符號與功能分開，並將不同的意指作用灌輸到它製造出來的實用物體中去。

19-3　眞實和非眞實功能

　　有時，設想的（言語的）服裝和實際功能是一致的：**舞裙**是用於跳舞的，也以一種穩定的方式意示著跳舞，所有人都能讀解⑤。在語義關係中，形式或物質對於行爲和持續性有一種適應性。但在大多數情況下，流行賦予衣服的功能要複雜得多。雜誌的趨勢是表現出不斷精確、日益偶然性的功能。在這一運動過程中，修 辭無疑扮演著一個重要的角色⑥。當一件衣服**決意**要去代表某些大場面，比方說，人類學規則、一個季節或慶祝會時，保護或裝飾功能仍保持一副貌似合理的樣子（**一件冬大衣，一件婚禮服**）。但如果宣稱，**這件裙子代表著一位年輕婦女，住在離大城市二十公里外的地方，每天乘火車，經常和朋友一起吃午餐**，過於精確的世事術語反而使功能變得不夠眞實。這裡，我們再度發現了小說藝術的矛盾：「枝末細節」一直不斷的流行是不眞實的，但是，功能越是偶然，它也就顯得越「自然」。於是，流行文學和「現實」風格的假定想結合起來，其依據是：分秒時間和特殊細節的逐漸積累要比一個簡單的勾勒更能確認所表現事物的眞實性。一般認爲，「極爲精細」的圖畫要比一般「草草畫就」的圖畫「更眞實」。在大衆文學的規則中，對服飾功能謹小

---

⑤要注意，在這種表述中，所指是僵化的，也就是說，是以一種類項的形式〔參見《運動衫》（*chemise-sport*）〕。

⑥只要存在語義單元的並列結構，就會出現修辭的傾向（參見16.4）。

慎微的描述是與當今大眾傳媒把所有資訊都個性化的趨勢是一致的，它把每一個表述都變成直接的挑戰，不是直接針對某個讀者群，而是特別地針對每一位讀者。流行功能（**居於20公里之外，等**）因而也就成了一種真正的信任，就好像這件裙子與如此精確的習慣行為之間的同義關係就只是為所有讀者中某一位設定的，好像一旦越過了二十公里，就理應產生讀者和服裝的變化。我們可以看到，流行功能所體現的現實，本質上是由偶然性決定的，它不是一個過渡性的現實，而是一種奇遇般的現實。相對於小說的非現實性來說，強調的是它的非真實的現實性。

19-4 「理性化」

無庸置疑，一個功能越是神秘（通過將其偶然性誇大），它對符號的偽裝就越強；其功能越是要求絕對服從，符號就越要讓位於明顯經驗性的用途。矛盾在於，正是在流行修辭的全盛形式上，服裝似乎無法展現一切，而被適度地簡化到工具的行列，彷彿這件貂皮短背心只能用在一個春天婚禮日上，在一個寒冷的教堂裡抵禦寒氣。就這樣，修辭把一系列虛假功能引入流行，其目的顯然是想給予流行符號以現實的保障。這種保障是彌足珍貴的，因為，儘管流行被人們推崇備至，但總有一種無用的負罪感。這種功能上的託詞無疑是普遍（或許是現代）進程的一部分。它依據每一個經驗**比率**，源自在世事中要做些事情，不但足以為享樂觀念找到藉口，而且以更加微妙的形式為本質的任何表現也找到了藉口。功能，從修辭的層面上講，是世事在重新獲取流行進程中的權力，是存在系統向做事系統屈膝臣服的表現。符號規則向理性規則的轉化⑦，在其他地方被冠以理性化的名稱，

考慮到衣服本身（眞實服裝，不再是書寫服裝），可以描述爲建立服裝精神分析學。弗呂格爾爲這種從符號到理性的社會轉換提供了一些例證⑧：長長的尖頭鞋在接受它的社會看來，並不是男根的象徵。它的使用只是出於簡單的保健原因⑨。假如這個例子顯得過於依賴精神分析學的符號象徵，那麼這裡還有一個完全歷史性的例子。1830年左右，上漿領帶因其舒適衛生的優點而被肯定⑩。在這兩個例子中，我們甚至可以區分出一種趨勢的表現（或許不是偶然的），即把符號的理性置於和其物質特性相對立的位置上，不舒服變成了舒服。如果我們恪守馬克思主義的設想⑪，或許這種轉換與資本主義社會的那種影響現實及其表象的轉換頗有共同之處。事實是，衣服的符號本質在早期階段比我們現在有更好的闡明，可以說，是更單純的。君主制社會公然把它的

---

⑦這種轉化彷彿如同在「次級利潤」的現象中，把神經質的東西加於他的神經上〔努伯格（H. Nünberg）：《精神分析原理》（*Principes de psychanalyse*），巴黎，P.U.F. 出版社，1957年，第322頁〕

⑧「理性化」這個詞見於弗呂格爾《服裝心理學》第1章，第14章。它與克勞德·列維-史陀所描述的是一致的：「語言現象和其他文化現象之間的區別在於，前者從來不在清晰的意識中出現，而後者，儘管有著同樣的無意識起源，卻總是要上升到意識思想層面，從而產生了次級推理和重新釋義。」（《結構人類學》，第26頁）

⑨弗呂格爾：《服裝心理學》，第27頁。

⑩領帶學，即有關領帶的一般論著，1823年。

⑪「如果人及其環境在所有的意識形態中都像在照相機透鏡中一樣反轉過來表現，這種現象源自它們生命的歷史進程，就像物體在視網膜上的反轉是出自它們直接的物理過程一樣。」〔卡爾·馬克思：《德意志意識形態》（*The German Ideology*）〕。

服裝作爲符號的整體而不是作爲一定數量理性的產品來加以表現：一列火車的長度確實意示著一種社會狀況，不存在什麼言語來把這種詞彙轉換爲理性，來表現明是公爵的尊嚴產生了火車的長度，就像冬天的教堂產生了白色貂皮背心一樣。早期的服裝式樣不會縱容功能，它展現的是與之對應的手工製造。這些對應物的更改也始終是公開的規範性的：作爲一個符號，世事和衣服之間的關係必須嚴格依照社會規範，相反地，在我們的書寫服裝裡（並且也恰恰因爲它是書寫的），符號的更改從來都不會體現爲公開的規範性，而只是功能性的。我們所必須遵循的是事物符合功能（**露肩式船領，百褶裙**），遵照它們在功能上的一致性（**參加聚會，表現年齡的成熟**）。由此開始，規則彷彿總是在抄襲自然法則：homo significans，藉 homo faber，即藉它的對立物，來僞裝自己。我們可以說，由於理性化使它把所有的符號都轉化爲理性，書寫服裝⑫形成這一矛盾：成爲一個被言說的執行。

Ⅲ.Ｂ組：流行法則

19-5　標記──告知

---

⑫只有經由語言（它是含蓄意指），才可能有符號的理性化（即，把它變成一種功能），這是書寫流行的關鍵。在圖象語言中（攝影、繪畫），不存在這種現象，除非當環境與服裝的功能聯繫溝通起來（參見附錄Ⅱ）。

　　在 B 組中，隱含所指完全是流行，修辭當然就無法把符號轉化為功能，因為功能必須是命名的。更困難的是，符號的理性化，可以說只有以強力運作的代價才是可能的。我們已經看到，流行經由對服飾特徵單純而簡單的**標記**，只要不是構造它的問題，就可以擺脫語義過程，以一種特徵的所指出現，即標記（今年）**裙子短穿**，也就是在說，**短裙**意示著今年的流行。所指**流行**只包含一個簡單的相關變化，即**不流行的**。但由於委婉原則禁止流行對否定其存在的東西加以命名⑬，真正的對立不在**流行**和**不流行**之間，而更多地是在於**標記的**（通過言說的）和**未標記的**（沈默）之間。在標記的和好的之間，及未標記的和壞的之間的有種混淆。用不著刻意去聲明，一個術語決定另一個術語，所能說的是，流行不會去標記它最初鄙視的東西，它標記的是給它以榮耀的東西。更有可能流行是在給予它所標記的東西以榮耀（像它自身的存在），鄙視它所不標記的東西。通過宣稱自我，命名自我（以一種循環論證神性的方式：**誰是他是的那種人？**——在西方語言中，「 是 」又含有「 存在 」的意思——譯註），流行的存在赫然便以法則的形式呈現出來⑭。由此推斷出，流行中**被標記的總是被告知的**。在流行中，存在和名稱、標記和好的、概念和合理性是完全一致的。說出來的即是合理的，進一步講（在這裡 B 組中流行符號的偽裝），合理的就是真實的。這種終極轉化（很快我們就將討論這個問題），與 A 組中把符號轉化為功

⑬對**不時髦**所產生的幻想只是為了在新的流行來臨之際，先使這種幻想破滅。

⑭在這個法則背後，存在一種流行之外的權威，它是**時裝團體**及其經濟「 理性 」。但在這裡，我們只停留在系統的內在分析層面。

能相比，是對稱的，就像明確符號需要理性偽裝一樣，流行的法則也需要自然本性的偽裝。因此，我們可以看到，所有的流行修辭都用於證明其信條的合法性，或者是經由在某一景觀的類項之下，疏離它們，或者是經由將它們轉化為外在於其自身意願的純的事實觀察。

19-6　作為景觀的法則

用修辭性的強調來聲明法則，實際上是一種背離法則的方式，也就是說，是一種以過度**展現**的方式來玩弄法則。發布一條稱為**滑雪者十誡**的社論，其實是假裝用玩笑來為流行的武斷隨意辯護，是人們對其錯誤解嘲的誇張方式，他認識到錯誤，卻又不願公開承認。每當流行認識到其決斷定的隨意性，它就會以一種強調的口氣去偽飾，彷彿炫示一種反覆無常就如同是在減少反覆一樣，彷彿依某個規則行事就會使它變得不夠真實一樣⑮。流行在它的決斷修辭中融入了一些武斷，從而能更好地為形成這些決斷的武斷性尋求藉口。流行遊戲般的隱喻有時與政治權力聯繫起來（流行是一個世代相傳的專制王國，是一個提出婦女義務的議會，像提出公共教育或兵役問題一樣），有時與宗教律令相聯繫，它從教諭轉向規定（**每位女士都會把她的裙子縮至膝蓋之上**，等），將義務和預示混在一起，因為在這裡，預見就是強行賦予。流行尤其喜歡使用像十誡之類的道德時態，即將來時：

---

⑮當然，如果這些隱喻的嚴肅性由於嘲諷式的強調形式而表現得像是一個玩笑，靠的也是嘲笑錯誤的模糊性。我們只敢拿我們不敢成為的東西開心，因為社會譴責那種無意義，流行只有故做嚴肅。

今年夏天，帽子將會是稀奇古怪的，它們將旣是輕快愉悅的，又是嚴肅的。很難再把流行的決定進一步濃縮，因爲無須表明出於何種原因（例如，時裝團體），它被簡化到一個單純的結果，即，在術語的物質和道德意義上，簡化到一個必然的事件：**今年夏天，裙子將是由眞絲製成的。**經由自然的偶然性，憑藉律令的預示，眞絲必須作用於裙子之上的。

19-7　從律令到事實

這些充斥著強制義務的未來在流行中是司空見慣的，憑藉它，我們接近於 B 組中關鍵的理性化過程，即從律令轉化爲事實：所要決定的、賦予的。最終作爲一種必然出現的，以一種純粹而簡單的事實方式中立的。爲此，只須保守流行決定的秘密即可，是誰使今年夏天裙裝由眞絲製成變成了一種強制義務？流行以緘默不語，把眞絲轉化爲一種半眞、半規範的事實，一個字，這就是**命**。因爲流行存在著一種命運：雜誌不過是記錄了當人們還是事情和情感命運的奴隸時，所經歷的多少有點污點的時期：遊戲（**顏色供你隨意搭配自己⑯**），瘋狂（我們不拒絕流行，它啓示著，控制著），戰爭（**對攻擊回以柔和的口氣，在對膝蓋上下的爭奪戰中，對綬帶的尊崇**）。這些強烈的感情就彷彿把流行拋於人性之外，並把它作爲一種惡意的偶然加以構建。流行把自身置於機遇和神聖敎律的十字路口，其決定成了一個明擺著的事實。留給流行所要做的就是實踐純粹事實觀察的修辭（**鬆散長**

---

⑯再一次，「花呢對於面料來說，就像是荷蘭皇室對於證券交易所一樣：萬無一失的投資」。

裙所具有的）。雜誌唯一的功能就是報導**是什麼（我們注意到駝毛毛衣的重新出現）**，即使是以一種睿智歷史學家的方式，雜誌能夠在一個簡單的事實中辨識出發展的主要線索（**黑貂皮的時裝正趨流行⑰**）。因而，雜誌把流行當做一種不可抗拒的力量來加以構建。它把所有的對象物的模稜兩可都留給了流行，毫無理由的，不過卻非毫無意願的。有時候，特徵以一種現象的表象呈現出來，那麼自然，以至於證實它都會顯得不協調（**黑色始終是你燕尾服的顏色，當然你會戴上你的白色羊皮手套，以做點綴**），或者，又是爲了能更好地把流行與產生它的上帝分開。不是歸之於其生產者，而是其消費者（**他們喜歡條紋泳裝，她們把泳裝前件抬得很高**），或者，最終，特徵會以其表象的主體生成（**今年，睡衣流行三種長度**），不再有什麼設計師或購買者，流行把人驅逐出去，變成了一個專制世界，總體在其中自行選擇茄克，睡衣選擇它們的長度。於是，這個世界大智隱於無形，一切都被看作是在完善它的規則，而這個規則已不再是某個初出茅廬的設計師自負的敎律，而是純自然王國久遠的規律。流行可以以箴言的形式表達出來，因而也就不再置於人的法律之下，而是置於事物的規律之下，就像它對農民，對人類歷史中的耄耋老人，對他們重復敘說著本質：**穿著時髦的大衣，白色洋裝；穿著精緻面料，閃閃發光的飾件**。流行的智慧體現在對過去和未來之間，在業已決定的和即將發生的之間所做的大膽的混淆。一件時裝可以在它發生之際，在它描述之際就被記錄下來。所有的流行修辭都包含於這種省略之中：去評論賦予的東西，去製造流行，然後，

---

⑰雜誌規定它自己的流行，或者它將自己限制在傳遞**時裝團體**構思出來的流行，兩者並無多大差異。在所有雜誌修辭中，每兩種情況都不存在。

就只把它看作一種效果，看作沒有名稱的緣由，從而在這種效果中只保留現像，最後，使這種現象得以發展，就彷彿獨力支撐起自己的生活。這就是流行為了把事實同時轉化為原因、規律和符號時所遵循的軌跡。在（實際）律令和（神話）事實之間，我們目睹了方法和結局的奇特互換。流行的現實本質上就是建立流行的武斷性。在這裡，我們無法從邏輯上把一個規律轉化為事實，除非是在隱喻上。現在，流行能說什麼？當它確實意識到其規律時，是作為一種隱喻，當它隱藏於事實背後時：又彷彿是文字上的。它把**滑雪者的十誡**（這就是它的現實）隱喻化，它看到了一個事實：**今年，藍色會流行**（這是純粹的隱喻）。它給予現實以精緻隱喻的修辭強調，給予其隱喻以事實觀察的簡單性。它竭力要在直接意指的地方炫示含蓄意指，採取純修辭的形式勾畫直接意指低下的形象。在這裡現實和意象之間再度顛覆過來。

Ⅳ. 修辭和時態

19-8　流行的理性和流行的時間

從符號到理性（功能的、法律的，或自然的）的修辭轉形無疑對任何文化物都是適用的，不管它們是否是在相互交流的進程中理解。這就是「世事」為符號所付出的代價。但在流行中，這種轉形彷彿是以一種特殊的，甚至是更為專制的形式得以確定的。如果流行的專制王國和它的存在一樣，這種存在最終也不過是某種時態的激情。當所指**流行**與一個能指相遇（某件衣服），

符號變成了一年的流行，但這種流行教條似的拒絕先前的流行，即拒絕其自身的過去⑱。每一種新的流行都拒絕傳承，反對先前流行的壓制。流行把自己作爲一種權力，一種現在超越過去的自然權力。然而，流行的背棄決定了它只是生活在一個它想成爲的世界裡，是在一種理想的平穩狀態下，透過一個循規蹈矩者的眼光看著這個世界⑲。修辭，尤其是符號的理性化解決了這一矛盾。正是由於流行現在的保守性，決定了它很少是持之以恆的，決定了它難以被認識。所以，流行集中於發揚一種虛設的時間性，這種時間性具有更爲辯證的外表，有一定的規則、結構和成熟性，它在功能層面上是經驗性的，在規律層面上制度化，在事實層面上的機地組織起來。流行的進攻節奏有著如世仇一般的反覆週期，但都被時間更爲耐心的形象一一瓦解。在流行言語中所充斥的那種絕對的、教條式的、復仇的現在時態中，修辭系統所具有的理性化將它與更易控制的、更爲久遠的時間重新聯繫在一起。這種理性就像是殺人犯承認自己過去的罪行時的謙恭，或者說是懺悔，彷彿它隱約聽到了殺戮之年那不可抗拒的聲音在對它說：**昨天我曾是你現在的樣子，明天你將是我現在的樣子**⑳。

---

⑱我們已經看到，出於委婉，流行很少提及不時髦，即使提到的話，也總是以當前的名稱，作爲一種反價值而提到的。它毫無顧忌地把昔日還是隨意繪就的線條稱爲角和突破。它說，**今年**，外套會是充滿朝氣、柔韌的，那麼，難道去年它們就是老氣橫秋、硬實的嗎？

⑲現在，我們可以給流行的**無意義**下個定義：它是背棄，一種有著強烈歸罪感的情緒。

⑳在墓碑上可以讀到。

結論

第二十章　流行體系的經濟學

I. 流行體系的獨創性

20-1　語言，意義的監護人和世事的入口

　　我們曾經有幾次機會來論述大量發行的流行時裝雜誌（可能會被視爲眞正的流行雜誌），在多大程度上改變了流行現象，並扭轉了社會意義：跨越書寫溝通，流行變成了一個自主的文化物，有著自身的獨創結構，或許還有一個新的結局；其他的功能都從屬於（或附加於）通常是被流行服飾認可的社會功能①；這些功能類似於那些文學中所具有的功能，概括而言，就是經由從此以後控制它的語言，流行變成了**敘事**。語言行爲作用於兩個層面，即直接意指層和含蓄意指層。在直接意指上，語言旣充當起

①自斯賓塞（Spencer）以來，社會學對更迭和模仿的辯證關係進行了分析。

意義的生產者，又是意義的監護人。它強調了流行的語義本性，因爲通過其術語系統的不連貫，它衍生了其符號，而正是在這一點上，現實只具一個連續實體②，很難精確地進行意指。從類項的肯定上可以清楚地看到這種意義的衍生：當（書寫）流行使**亞麻**產生意指時，它小心翼翼地在眞實服裝的語義可能性上加以改進。這件衣服實際上只是在相對於**厚重織物**的**輕薄織物**上才產生意義。語義把這種基本結構分解爲成千的語義類項，從而建立起一個系統，其存在合理的理由不再是利他的（使**輕**與**重**相對，就得讓**冷**與**熱**相對一樣），而只是語義上的。因此，它建立起一種意義，作爲思維的眞正奢華。更進一步來說，由於符號的擴大，語言再一次介入，但這一次是爲了給予它們以結構的**支撐**。正是通過名稱的穩定（儘管這種穩定性也可能是相對的，因爲名稱也趨於消亡），語言抵禦住了實際的動盪變化。這在系統邏輯中是顯而易見的。那些禁止某某屬項與某某類項相遇的禁令其實並不是絕對的。沒有什麼是永恆的，但流行的禁令卻是絕對的，因而意義也是必須的③，不僅是在同時性上，而且是在更具深度的術語系統上也是如此。同時穿兩件罩衫或許是不可能的，除非他有權改變第二件罩衫的名稱。但當語言否定了這種權力（至少在其自身同時性的範圍之內），流行可自成一種邏輯，或者我們可以說，自己構建一種十足的系統。因此，在直接意指層面，語言擔當起管理者的角色，完全受制於語義目標，可以說，流行言語表達的程度只是它想成爲一個符號系統的程度。然而，在含蓄意指層面，它的作用全然兩異。修辭使流行充分展現於世事，經由

---

②在討論攝影時，這顯然是無效的。

③我們想起，意義是一種有控制的自由，其限度也是作爲選擇構成的。

修辭，世事在流行中的表現，就不再是抽象意義上的人類生產力，而是「理性」的整體，即作爲一種理念。經由修辭語言，流行與世事進行溝通，它在人性中形成某種異化，某種理性。但是，正如我們已經看到的那樣，在**趨向**世事的運動中，即其含蓄意指系統的運動中，流行也拋棄了其大多數語義存在（它的符號變成了理性，它的能指不再是恰如其分的不連貫的，它的所指變成了不確定的、隱晦的），所以語言具有兩種幾乎是截然對立的功能，取決於它介入的是系統的直接意指層，還是含蓄意指層（很快我們就會清楚地看到）。系統深層的經濟學顯然正是居於角色的這種歧異性之中（不管它是單純的對立，還是一種辯證運動的激勵）。

20-2　分類行爲

　　雖然修辭以某種方式消解了修辭之外（在直接意指層上）被詳細闡述的符號系統，儘管由此可以說，世事開始於意義的終結之處，但是，現實（而不是「世事」，它是眞實的）在它爲其設定界限之時，就發現了意指作用。鑑於現實的有限性，它的意指就像直接意指系統的分類經濟學所體現的那樣。這種經濟有賴於逐步消除實體（在葉爾姆斯列夫賦予這個詞的意義上）。從一開始，我們可以看到，現實以物質、審美或道德約束的形式，否認了某些事物，某些意指作用，它阻止它們不斷變化，或者相反，賦之以無窮無盡的變化。這種初始的排斥狀態激起意義在事物和性質、屬和支撐物之間意義的廣泛**分布瀰散**。它所依據的路線有時是封閉的（**排斥的**），有時又是開放的（**典型組合**）。這一錯綜複雜的運動在表述層找到了意義：於一片意義迷霧中現出一個

單一的意義，經過一連串母體命令的過濾，最終每一個表述都只有一個意指作用所確定的目標對象，儘管其單元鏈是纏繞在一起的。這種同形異義的組成使某種等級制度在服飾物體中進行分配，但這種等級制度不再考慮其要素的物質重要性。如今，意義的構建看起來就像是一種反本質的行為。它推進細小的要素，避開重要的因素，彷彿事物的**先設**只須用概念性就能加以彌補似的。因而，意義是根據一種革命風度進行分配的。它有充分的自主權，使它遠遠地發揮作用，並且最終消解實體本身。產生意指的不是披肩，而是披肩的肯定。意義否認實體所有的內部價值，這種否認或許就是流行體系最為深層的功能。與語言相反，這個系統一方面實際考慮的是受外在語義使用限制的實體（衣服），另一方面，它又絕對不需要利用聯合體的中介，像**雙重分節**的中介④。因為其所指其實在數量上少得可憐，這種束縛，以及這種自由，產生了一種特殊的分類，它依賴於兩個原則：一是，每個單元（即，每個母體）像是一種回縮，把不起作用的物質實體引向某個它能孕育出意義的地點。因此，每一次，系統消費者所實施的行為都是在把意義賦予事物，而這些事物的原始存在（與語言相反），不是為意指。另一方面，無序狀態可能會導致大量能指和少量所指攻擊一個系統的危險。但在這裡，強烈的等級分配壓制了這種混亂，其分節與語言的分節正好相反，不再是線性的（儘管受語言支撐），但可以說，是協調一致的。從而所指的貧乏（不管是世事的，還是流行的）經由能指的「智性」結構得

---

④在流行體系中，我們不能像剛才描述它那樣談及雙重分節，因為母體中
　各自獨立的要素與語言中各異的符號或音素是無法等而視之的。母體能
　相互組合，但這是系統唯一的組合特徵。

到了彌補，這個能指接受語義力量的本質，並與其所指幾乎不發生任何關係。因此，本質上看，流行——這是其經濟學的最終意義——是一個能指系統、一個分類活動，它與其說是一個符號學規則，倒不如說是一個語義規則。

20-3　開放體系和封閉體系

然而，這種語義規則爲了「消解」實體，細密而堅實地武裝自己，而漸漸趨於空泛，它在某一所指的一般屬項之下與世事相遇，並且由於這個所指在 A 組和 B 組中是不同的，我們的分析必須沿著兩條不同的路線展開。況且，兩組類型之間的差異不僅與它們在所指上的性質差異有關（一是多重的，一是二元的），而且更多地涉及它在組成每一個流行表述的那些各不相連的系統層理結構中所處的位置。我們尚未參照這一構建方式，因爲它已經分析過了⑤。但現在應該是重新採用它的流行體系的經濟制度中所扮演的基本角色的時候了。我們回憶一下，在 B 組中，流行是服飾特徵的隱含和直接所指。因而，它構成了簡單直接意指的所指。A 組則恰恰相反，它使明確地世事所指替代流行，這樣就提高了一個層次，轉移到第二所指的行列——含蓄意指的所指。於是最終仍是由流行來構成兩個系統 A 和 B 的分散經濟的支柱：一是直接意指(B)，一是含蓄意指(A)，它涉及兩種不同的理論，因爲所有含蓄意指一方面包括從符號到理性的轉化，但另一方面，又讓低級系統對世事的觀念形態開放。經由直接意指，流

---

⑤參見3-11。

行直接參與一個對其能指**封閉**的系統，它與世事的交流只有經由每一個符號系統代表的概念才能進行下去⑥。當含蓄意指時，流行間接地分享著一個**開放**的系統，它於世事的溝通是經由明確世事所指的術語進行的。因此，兩個經濟制度似乎在相互交換它們的缺點和優點。Ａ組對世事開放，但正因爲如此，它們參與了意識形態賦予現實的逆轉。Ｂ組仍保持貧乏，可以說，保持所有直接意指形式上的正直，但卻以抽象爲代價，這種抽象看起來就像是一種接近於世事的方式。正是其組合體的這種對稱的模糊性標誌著流行體系。

Ⅱ.Ａ組：異化和烏托邦

20-4　所指的命名

　　Ａ組對世事的開放基於三個原因：首先，由於它們的所指是命名的，它被語言中產生的術語系統所接管（決定它們的正是這種同構的缺乏），其次，因爲在它們中間，流行轉移到一種含蓄意指系統的領域，即以理性或本性爲僞裝。最後，因爲流行和所指是經由修辭組織起來的，並且形成世事的表象，與一般意識形態組合在一起。然而，流行向世事敞開後，卻逐漸地「支撐」起世事來，即承擔著現實的某種更迭轉變，我們習慣上是把這種轉

---

⑥然而，我們回想起，即使是在Ｂ組中，當流行從屬於某個修辭時，它也
　與世事相互溝通。

換以意識形態上**異化**（aliénation）的名稱加以描述。當系統
「開放」之際，就轉化了或者可以說決定了這種異化。所指命名
導致這些世事所指轉變爲一種不變的本質，除了我們熟知的意指
作用系統以外：一旦命名，**春天、週末、雞尾酒會**就會被神化，
彷彿本來就能製造出服裝似的，而不會仍停留在意指過程武斷關
係之中。根據我們熟悉的人類學過程，詞把物轉化爲一種力量，
而語詞本身也變成了一種力量。更重要的是，能指一方面在兩個
各自獨立、互不相同的事物之間發展一種語義關係，另一方面，
所指精心簡化系統的功能結構，以一種斷斷續續的、固定的聯繫
把意義附加於單元之上。我們可以說，它是在把意指作用的整體
恢復爲一個詞彙系統（**眞絲≡夏天**）。無疑，這些意指作用實際
是變動不停的，因爲流行詞彙年年都在重新製造。但這裡的符號
不像語言歷時性那樣，它不是從內部轉化的。它們的變化是武斷
隨意的，而在明確了所指的同時，又給予它以事物的份量，這些
事物以**公衆親近性**（une affinité en quelque sorte publique）爲依
托連接。符號不再是流動的⑦，而只是死亡和復活，暫時和永
久，多變和合理。經由對其所指的命名，流行不斷地把符號直接
神聖化。所指和它的能指分離，但仍以其自然的、不可侵犯的權
力與之藕斷絲連。

20-5 蒙上面紗的流行

⑦柏格森（Bergson）曾經說過：「給予人類語言以特徵的，與其說是它們
  的一般性，倒不如說是它們的流動易變性。本能的符號是　種附著的符
  號，智識的符號是一種流動的符號。」[《進化論創始人》（*Évolution
  créatrice*），第3版，巴黎，阿魯出版社，1907年，第172頁]。

　　影響 A 組的第二種異化（即，當它第二次向世事開放的時候）涉及流行在這些組的結構中的位置。在這樣一個表述中：**印花布贏得了大賽**，世事所指（**大賽**）從某種意義上講，是把所指流行驅逐在外，並把它歸於含蓄意指（文字上）不可探知的領域。沒有什麼能斷然宣稱，印花布和大賽之間的同義要服從於流行價值，而從權力上講，同義本身也總是並且只是所指流行的能指：印花布只有在流行的認可之下才是大賽的符號（來年，符號又將廢除）。在這種形式上的「欺詐」中，我們認識到含蓄意指的定義：流行避免作爲一個實際符號，而表現爲一個隱匿的規則，一個沈默的恐慌，因爲不遵從印花布和大賽之間的同義（今年），就會陷入不流行的錯誤之中，直接意指系統的隱含所指和含蓄意指系統的潛在所指之間形成對立的差異性可以再度表現出來⑧，結果，異化恰如其分地利用了隱含所指的隱匿性。流行以上帝的方式隱藏自我：萬能的，但又假裝給予印花布充分的自由來**自然地**意指大賽。總之，流行在這裡把自己看作是一種羞恥的暴君似的價值，它隱瞞其特徵，不再純粹簡單地剝奪其術語表達（像在直接意指總體中一樣），而是以人類隨意性的名義（世事所指的語義單元）來代替它。因此，含蓄意指與更爲一般的異化組合起來，這種異化用不可避免的本性來僞飾決斷的武斷性。

20-6　烏托邦現實和實際烏托邦

　　向世事開放的最後一點（在 A 組中）是由「引導」流行的術語系統和含蓄意指的同一種修辭構成的。修辭與在理念上從現

---

⑧參見16.5。

實轉變爲其矛盾意象的進程保持一致。修辭系統的功能是經由把同義關係轉化爲理性，來僞裝從其屬下表述所具有系統化和語義本質。儘管系統本身的修辭活動是反系統的，因爲它剝奪了流行話語中所有的符號表象，動用了原因、結果、親密性等等，簡單地講，就是調動了所有的僞邏輯關係，把世事與衣服的連接變成了**日常**話語的對象。這種更迭活動可以大致比做夢中的**精神**活動：夢也是在調動天然原質的符號，即主要語義系統中的要素。但它以一種敍事的形式把這些要素連接起來，在這種敍事中，語段的力量掩蓋了（或僞裝著）系統深度。然而在這裡，我們看到了一種顛倒的道德觀，就流行修辭虛構的程度來說，它重新利用世事的某種現實來對抗術語系統，這種系統是（在文字上）深不可測的：嚴肅的互換出現眞實和幻象之間，出現於可能的和烏托邦之間。在術語層面上，語義單元（**週末、晚上、逛街**）再度成爲現實世事的碎片。但這些碎片已經是暫時的和虛幻的，因爲世事並沒有對**這件毛衣**和**這個週末**之間的關係縛以任何世事的限制：它並不是在眞實系統的核心上體現它的。因而，在文字上，流行中眞實的東西純粹是肯定的（我們不可知所意味著的）。面對這種術語層面的「非現實性」，流行修辭反而更爲「眞實」。由於它是由連貫的意識形態吸收的，以完整的社會現實爲基礎。**這件毛衣適合於週末穿**，在術語層面上，不過是一個肯定而已，由於它是**物質的**，因而是未異化的。相反地，**如果你週末準備去都蘭（Touraine），去你丈夫老闆的鄉村小屋，這件毛衣是必備之物**，這就是把衣服和整個情境聯繫在一起，既虛幻又眞實的情境。與小說或夢有著同樣深刻的眞實性。正是在這一程度上，我們可以說，術語層面（直接意指）即是烏托邦式現實的層面（因爲實際世事其實並不包括服飾語彙，儘管其要素——一是世事，

一是衣服──可能是真實地賦予的），不管修辭層面是否爲實際
烏托邦的層面（因爲修辭情境的完整性直接源於實際故事）。我
們可以換種方式說，流行毫無**內容**，除非是在修辭層面，當流行
系統殞滅之際，它也就向世事開放，自身充滿了現實，變成異化
和「人類」，從而以符號的方式演示著現實概念性的基本模糊
性。不與現實分離，就不可能談**及**它：去了解它即是與它同謀。

20-7　符號的自然化

　　直接意指的非現實和含蓄意指的現實之間的互換，與符號轉
變爲理性的過程是一致的，它看起來就像是 A 組的基本過程。
正是由於這些組建立衣服和世事的「自然化」視野，它們以其自
身的方式（同時是烏托邦的和真實的）與產生它們的社會組合在
一起。雖然純粹和宣稱的符號系統從來都只代表了人類竭力製造
「意義」的努力，與所有的內容無關。符號向理性轉換的一般要
義在流行體系之外，也不難理解。其實，A 組證實了我們所稱的
符號學矛盾：一方面，所有的社會似乎都在不斷地開展活動，以
深入意指作用的現實，通過建立起強大、完善、井然有序的符號
系統，把事物轉化爲符號，從而建立起對意指過程的理解；另一
方面，一旦這些系統建立起來（或更爲確切地說，當它們正在建
立之時），人類在僞裝他們的系統本質時以及重新把語義關係轉
化爲自然或理性關係時，表現同樣活躍。這裡有一個雙重過程，
既矛盾，又互爲補充，既是意指作用的，又是理性化的。這至少
在我們的社會裡確實存在，因爲我們不能肯定，符號學矛盾的應
用有一種普遍意義，有一種人類學規則。社會的某些無序類型使
它們精心闡釋的概念性得以保持一種公開領導整體的形式，人自

己無法分擔把自然和超自然轉化爲理性的危險，而只是承擔了釋讀這種轉化的危險。世事是不能「解釋的」，它被閱讀，哲學是一種 mantique⑨。反過來，我們社會的特定特徵——尤其是我們大眾社會的特徵——似乎是在經由我們在這裡用**含蓄意指**的名稱來加以描述的原始過程，把符號自然化或理性化。這說明了爲什麼我們社會精心闡述的文化物都是武斷隨意（像符號系統一樣），尚未完善（像理性進程一樣）。於是，我們可以設想，根據人類社會語義系統「率意直言」的程度，根據它們爲事物所絕對劃定的概念性是坦率意指的，還是宣稱爲理性的，或者，再一次根據它們含蓄意指的力量來定義人類社會。

Ⅲ.B 組：意義的失落

20-8　無限隱喻

與 A 組的開放和異化相比，B 組顯得有點單純。實際上，它們並未經歷所指的「具體」命名。在它們中間，流行仍保持著直接意指價值。只有通過衣服的修辭（更何況，就像我們已經看到的那樣，這還是一個貧乏的修辭⑩），通過意指作用的修辭（它把流行肯定轉變爲規律或事實），它們才會變成世事的異化。再說，這樣的轉換並不是一成不變的，它們在這樣或那樣的

---

⑨黑格爾：《歷史哲學講演錄》（ _Leçons sur la philosophie de l'histoire_ ）.
⑩參見17-2。

表述中仍是偶然的，換句話說，B組不會「撒謊」。B組中，服裝公開意指流行。這種單純——或魯莽——出於兩種情況。一是由流行直接意指在其能指數量和所指數量之間產生的極度不成比例形成的。在B組中，所指絕對是唯一的⑪，無論何時何地，它總是流行。能指數量眾多，它們包括服裝的所有變化，包括流行特徵的過剩。由此，我們看到一種無限隱喻的經濟體系，它在某個所指的能指以及同一所指之間自由變幻⑫。建立起傾向於能指的比例關係，並非毫無價值。任何一個包含著大量所指為一個有限數量能指的系統，都會產生一種焦慮，因為每個符號都能以幾種方式讀解。相反地，任何顛倒的系統（有著大量的能指和數量萎縮的所指）是一個為了愉悅而產生的系統，越是強調類型的這種不成比例，愉悅的感覺就越強烈：只有一個所指的隱喻清單就是這種情況，它建起一種慰藉的詩意（例如，在連禱文中）。於是，憑藉它的符號學結構，隱喻看起來就像是一種「鎮定自若」的操作者。正是因為它是隱喻的，B組中的流行才會是一個愉悅的物體，儘管建立流行的武斷規律有著組合特徵。

20-9　意義的失落

　　隱喻過程（在這裡是一個激烈的過程，因為所指是獨一無二的）只是B組的這種「單純性」的第一種情況，我們剛才討論

---

⑪結構上，所指是雙重的：**時髦/不時髦**（否則，它毫無意義），但第二個術語被取消，排斥於歷時性之外。

⑫在A組中，通過泛義素，也有同樣的趨勢（但在這裡，它只是一種趨勢）。（參見14-7和8）。

過，第二種情況涉及所指的本質，這是所有的流行表述在只涉及衣服時的核心問題（這是 B 組的情況）。這個所指其實是循環論證：流行只有通過它自身才能確定，因為流行只是一件衣服，流行服飾只不過是流行決定它為時髦的東西而已。因此，從能指到所指，一個純粹的自反過程是建立起所指不斷空泛的過程中，也可以說是內容空泛的過程中，但這一過程絲毫不會放棄它的意指力量。在這一進程中，衣服是作為某一事物的能指而構建起來的，但這一事物卻不過是這種構建而已。或者，為了能更為精確地描述這一現象，應該是，能指（即，流行時裝表述）不斷地通過意指作用的結構釋放意義（對象物、支撐物、變項、母體的層理結構），但這種意義最終仍不過是能指本身。因此，流行懷著一份彌足珍貴的矛盾，即，**語義系統，其唯一的目的就是使它精心加以詳細闡述的意義失落**。於是，系統拋棄了意義，但卻不放棄意指作用的任何一個方面⑬。這種自反活動有一個心理模式：形式邏輯。像邏輯一樣，流行是由單一循環論證的無限變化決定的；像邏輯一樣，流行尋求的是同義關係和有效性，而非真理；像邏輯一樣，流行被抽去了內容，卻保留了意義。就像是一架保持意義卻不固定意義的機器，它永遠是一個失落的意義，然而又確實是一種意義，沒有內容的意義。它變成了人類自恃他們有能力把毫無意義的東西變得有所意指的一種景觀。因而，流行看起來就像是意指作用的一般行為的典型形式，重歸文學的存在，它

---

⑬馬拉梅對此彷彿深有感觸：**最新流行**不具有完整的所指，也就是說，只有流行的能指。馬拉梅旨在通過重建「小衣飾」純粹的內在性，人為地精心勾勒出純本能反應的語義系統。世事是意指的，但它意指著「虛無」：空泛，但並不荒謬。

提供給人們閱讀的不是事物的意義，而是它們的意指作用⑭。於是，它變成了「十足人類」的符號，這種基本的地位絕不是脫離現實的。在書寫服裝系統展示其最為形式化的本質之際，也是它與其最為深遠的經濟環境聯合之時。時裝雜誌之所以會成為一種持久的制度，關鍵就在於（絕非空泛）意指作用的活躍進程。因為對**這一本**雜誌來說，「說」即是標記，標記就意味著產生意指。雜誌的言語是一個充分的社會行為，不論其內容如何。這種言語可以無限地發展下去，因為它是空泛的，但又有所意指。因為，如果雜誌確實有什麼東西要說，它會形成一種規則，其目的就是要窮盡這個東西。相反地，雜誌從所有觀點的純粹意指中獲得其言語，從而開始了一個純屬基礎支撐性的進程，它所開創的事業從理論上講，是無限的⑮。

20-10　流行現在時態

　　B 組形式上的單純和封閉性是由流行極為特殊的時間性支撐的。當然，在 A 組中，服裝與世事的同義也是流行支配的，受制於一種報復性的當前，它每年都要犧牲前一年符號：只有**今天**，印花布衣服才代表了大賽。而流行以功能和理性的形式，讓

----

⑭我們已經看到，**意指作用**是一個過程（相對於意義）。

⑮出版社和流行，我們在這裡面對的是有著穩定形式和變化內容的文化物。從這個觀點上看，相對來說是未經審視的，我們可以給予這些物體以阿爾戈號船（Argo，希臘神話中，Jason 率領其他英雄尋找金羊毛時坐的船——譯者註）的符號，其每一個部件都被逐漸替換，但仍是阿爾戈號。現實是一種形式，因而對語言學分析說是一種絕好的材料。

它的符號向世事敞開，彷彿是在讓時間服從於更爲自然的順序，其中，當前變得緘默不語，變得有點羞恥，在含蓄意指中伴隨著流行。所有自然性的藉口都從 B 組中消失了，由此，流行現在時態保證了系統公然的武斷隨意性。這個系統是最接近於其共時性，每年它都要全盤顛覆，轟然一聲，便崩塌爲過去的毫無意義。理性或自然不再控制著符號，一切都是爲了系統的利益，開始對過去的公然扼殺。B 組，或者說是邏輯流行，認可了現在與結構之間的典型混亂。一方面，流行的**今天**是單純的，它破壞了周圍的一切，強行地否認過去，指責未來（只要未來僭越了季節）。另一方面，每一個**今天**都是一副志得意滿的結構，其規則與時間的同時擴展（或格格不入）⑯。就這樣，流行馴服了新潮的東西，甚至在它尚未製造出來之前，由此而產生了一個矛盾，即「新潮」是不可預知的，但又是合法化的。總之，我們可以說，流行將不可預知的東西變得容易控制，卻不剝奪其不可預知的特性。每一流行都是無以名狀的，同時又不悖常規。長期的記憶消蝕以後，時間簡化爲一對排除在外的東西和正式介入的東西。純粹流行、邏輯流行（B 組中的）從來都只不過是現在爲過去喪失記憶後準備的代用品⑰。我們幾乎可以說是流行神經症，

---

⑯正如我們曾經說過的，流行在系統上是不忠誠的。在這，忠誠（像在過去的崩隕）和不忠誠（如同樣的這個過去的解構）同樣是神經質的，一旦它們採用一種形式，前者就具有一種法定的或宗教的責任［伊里尼斯型（Erinys）古希臘神話中的復仇女神——譯者註］，後者只有「生存」的自然權利。

⑰實際上，流行假定一種無時性，一個並不存在的時間。在這裡，過去是恥辱的，現在不斷被流行的前衛所「吞噬」。

但這種神經症融入漸增的熱情中，融入意義的構造物中。流行，
只有在它表演意義、**玩弄**意義時才是不忠誠的。

Ⅳ.流行的雙重體系

20-11　流行的道德模糊性

　　一個語義完整的體系是一個封閉的、空泛的、自反的體系。
B 組就是一例（至少在它們不把流行決定神秘化的時候）。當系
統經由含蓄意指的途徑向世事敞開的時候，它就崩潰了。流行的
雙重體系（A 和 B）就像是一面鏡子，從中可以讀出現代人的道
德困境。每一個符號系統一旦被世事「充斥」，它就要被強行拆
散，改變自我，崩隕。爲了將自身向世事開放，它必須逐漸異
化。爲了理解世事，它必須從世事中回撤。一種深奧的二律背
反，使生產行爲模式與反應行爲模式分離，使行動系統和意義系
統分離。經由其 A 組和 B 組的分散，流行親身體驗到了這種雙
重假定。有時候，它用世事的斷片充斥其所指，並將它轉化爲用
途、功能、理性的夢想；有時候，它傾空這個所指，回復到剝去
所有觀念實體的結構行列中去。一個「自然」系統（A 組中）或
一個「邏輯」系統（B 組中），流行也就從一個夢想漫遊到另一
個夢想，全憑雜誌是擴大世事所指，還是相反地，去破壞世事所
指。出版物有著廣泛的大眾讀者群，它們體現的似乎是自然時
裝，具有豐富的功能—符號，而更爲「貴族」的出版物則喜歡展
示純流行。這種動盪與歷史環境是一致的：最初，流行是一種貴

族模式,但這種模式如今受制於民主化過程的強大壓力。在西方,流行逐漸成了一種大眾現象。正是由於它的消費是通過大眾傳播的出版物進行的(書寫流行的重要性及自主性也正在於此),公眾社會接受了體系的成熟(在這個例子中,即是其「無償性」),他們達成協議:流行必須突出其聲譽的根源,即貴族模式——這就是純粹流行。但與此同時,流行必須以一種愉悅的方式,通過把內在世事的功能轉化為符號(工作、運動、度假、季節、慶祝會),來表示其消費者的世事——這就是自然流行,其所指是有命名的。出於它的模糊地位:它意指世事,也意指自身,它或是構成一種行為的框架,或是構成一種奢華的景象。

20-12 轉 形

然而,在流行的一般體系中,有一塊領域是結構被保留在結構之中的從事滲透之所在(其重要性正在於此),此即為流行所稱的**轉形(夏天的風衣在冬天會變成雨衣)**。這是一個絕不過分的概念,我們之所以會賦之以典型涵義,是因為,在過渡行為規則和符號規則之間的持續對立中,轉形的概念為兩者的衝突提供了一個解決辦法。其實,轉形出現於系統前沿,而從不會超越它。一方面,它始終要依賴於結構,因為表述總是要結合一段時間(在能指中,它是不變的,一般總保持著為轉形服裝持續不斷的意指作用作為目標的對象物)和一個變化(轉形自身⑱)。但在另一方面,為了成為歷時性的,變化不再是潛在的(即,同時性的)。歷時性經由轉形,被引入系統,不再是作為復仇似的

---

⑱例子:**兩面穿大衣,春裙加上一條硬紗領和腰帶就可以變為夏裙。**

現在，不再輕輕一抹即消蝕了過去的所有符號，而是以一種慰藉的方式引入的（正是因為它是被術語系統本身認可，所吸收的）。因此，融和的時間（過去不再是被消除，而是被利用），新的「做事」（流行語言變成了真正的製造者）以及符號系統的表達（製造出來的物體仍符合通常的結構），這三者結合於轉形之中。總之，這是流行為過去和現在、事件和結構、「做事」和符號之間的衝突所提出的一個辯證解決方案，這種解決辦法很自然地又與經濟現實聯繫起來。轉形在現實中是可能的（它花費很少），同時仍不失其特別的技巧。流行越來越多地把這種轉形融入它的表述中去。

V.面對系統的分析家

20-13　捉摸不定的分析

對於一個面對，或者更進一步講，是**處於**他剛才研究過的系統普遍性之中的分析家，我們仍有一些要加以說明。這不僅是因為，把分析家看作是與這種普遍性格格不入，不啻是為一種欺詐，而且還因為符號方案為分析人士提供了一種形式工具，以深入他所構建的系統中去。更重要的是，它是迫使他去深入。可以說，正是在這種強制義務中，他發現了他的終極哲學，保障他既參與歷史的遊戲中去，在這段時間內，他是固定不動的，同時又保證他重新回到現在時態，這樣就必須剝奪他從其他語言，從其他科學中得到的利益。為了理解這種形式術語上的運動（在這

裡，我們沒有其他方案），我們必須回到修辭系統⑲。我們已經看到，這個系統的所指在系統使用者的層面上並不容易控制：它是潛在的、一般性的，無法被那些接受含蓄意指資訊的統一方式**命名**。它沒有確定無疑的術語存在，除非是在分析學的層面，他的功能就是在潛在所指上再附加一個專業語彙。他獨掌發現揭示的大權。如果他把某某修辭所指命名爲**調和**或**愉悅**⑳，他深知這些概念在流行讀者中間是不使用的，他也知道，爲了利用這些概念，他必須借助於一個封閉性的概念性語言，簡單地說，就是借助於書寫。現在，這種書寫，要像一個新的元語言一樣，在流行的系統—物體上，發揮作用。於是，如果我們試圖表示流行體系不再是在其本身之內（我們出於必須，迄今爲止，一直在假裝這樣去考慮），而是它在分析過程中必然會露出來，即，完全託付於一種多餘的言語，我們就必須以下面的方式來構築同時系統的圖示㉑：

4.分析家的語言	E	C	
3.修辭系統		E	C
2.術語系統	E	C	
1.服飾符碼		E	C

---

⑲參見16.Ⅲ。

⑳參見16-6。

㉑上面3-2給出的圖示，我們以一個最簡單的組爲例，即有三個系統的 B 組（E：表達層，C：内容層）。

　　顯然，儘管它是一種「操作手段」，而非一種「含蓄意指」
㉒，分析家的元語言仍難免成為介入。首先，在他語言的範疇之
內（這裡是指法語），因為語言不是現實；其次，在他所處的歷
史情境下，在他自身的存在中，因為寫作從來都不會是中立的
㉓。譬如，利用結構來談論流行㉔，就意示著某種選擇，其本身
依賴於研究的某種歷史情境，依賴於在這個問題上的話語。從
而，我們認識到，符號分析和修辭表述之間的關係全然不同於真
理和謊言之間的關係：它從來都不是對流行讀者「解密」的問
題。這種關係是互為補充的，內在於流行及其分析所從屬的無限
系統（儘管時間上是有限的）。當服務修辭假定某種修辭理念時
（即世事的自然本性，其大膽創新和謹慎在法律上是成了「真
正」的心理本質），分析家們則重建了某種**文化**的理念（**大膽創
新**和**謹慎**符合世事介入的斷片化，它們的結合形成了人有意去製
造愉悅的藉口）。而系統絕不會把這種釋讀的大門關上，自然本
性和文化之間的對立是某種元語言的一部分，即某種歷史狀態的
一部分。其他人過去難以（或者將來也不會）言表的是暫時的二
律背反。因此，系統──物體和分析家的元語言之間的關係並不表
示對分析家來說深信不疑的「真正」實體，而是一種形式上的有
效性。這種關係既是短暫的，同時又是必不可少的。因為人類的
知識無法介入世事的生成變化過程，除非經由一系列持續不斷的

㉒葉爾姆斯列夫：《前言》，第114～125頁。

㉓分類學的幻想，即符號學家的幻想，既是心理分析學派的，同時由受歷
　史批判主義的影響。

㉔分析學家談論流行，他並不說流行。他被人指責為了進入**邏各斯**（lo-
　gos），而脫離**實踐**（praxis），說流行就是創造流行。

元語言，每一個元語言中在判斷的同時又在異化。這種辯證法可以再度用形式術語表示：分析人士在其自身的元語言中談論修辭所指，他孕育出（或者吸收了）一種無限的科學。因為如果碰巧有人（其他人或稍後於他的人）採納了他寫作的分析，並試圖揭示其內容，如果碰巧有人不得不借助於新的元語言，反過來給他以啓示。當結構分析最終將不可避免地走向語言—對象物的行列時，它會在一個反過來解釋它的高級系統中得到認識。這種無限的結構並不是一種詭辯，它闡釋了過渡性，並在某種程度上，克服了研究的主觀性。它證實了所謂人類知識的赫拉克利特本質，每一次它都因其反對把眞理與語言聯繫起來而爲人詬病。這裡所涵含的必要性也正是結構主義竭力加以理解的，即加以言說的：符號學家就是那種用他業已命名並理解世事的術語來表達自己未來之消亡的人。

附　　錄

1. 流行時裝的歷史和歷時

　　如果從一個相對較長的歷史時期來看，時裝變化是有規律
的，如果我們把這段時期縮短，僅比我們自身所處的這個年代早
那麼幾年的話，時裝變化就顯得沒有那麼規則了。遠看井然有
序，近觀卻是一片混亂。時裝似乎擁有兩個時期，一個是嚴格意
義上的歷史時期，另一個可以稱之爲**記憶時期**，因爲它玩弄的就
是某位女士對某一年份之前的時裝所持有的記憶。

　　克魯伯（Kroeber）曾經對第一種或者說歷史時期做過部分
研究①。他選擇了女性晚裝的幾個特徵，並對其在很長一段時期
內的變化做了研究。這些特徵是：(1)裙子的長度；(2)腰線的高
度；(3)領口的深度；(4)裙子的寬度；(5)腰的寬度；(6)領口的寬
度。克魯伯採用的這些特徵與我們前面描述的某些系統特徵是一
致的②。不同之處在於，克魯伯研究的是圖形而不是語言，他把
人體高度作爲主要參照，進行實際測量（從脖子到腳後跟）。克

①克魯伯和理查森《三個世紀的流行女裝》（ *Three Centuries of Women's
　Dress Fashion* ），柏克萊和洛杉磯：加州大學出版社，1940年。
②(1)裙子＋長度；(2)腰＋垂直位置；(3)領口＋長度；(4)裙子＋寬度；(5)腰
　＋緊身(6)領口＋寬度。

魯伯論證了兩個方面，一是，歷史並未介入流行過程，除非是在重大的歷史變故情況下，加速某些變化。在任何情況下，歷史都不會產生樣式。流行的狀態從來都不能進行分析性的解釋，在拿破崙時期和高腰之間並沒有任何邏輯關係；另一方面，克魯伯不僅強調流行變化的週期是有規律的（幅度大約是半個世紀，完整的一個來回是一個世紀），同時也指出，式樣的變化會根據比例法則，例如，在裙子的寬度和腰的寬度之間總有一種相反的關係，一個窄，另一個就寬。總之，在一個較短的時間範圍內，流行是一個有序的現象，這種秩序源自流行自身，其演化一方面是時斷時續的，只有以各自獨立的門徑才能進行下去③。另一方面，又是自發的，因為不能說是在形式及其歷史之間存在著一種基因關係④。

　　這就是克魯伯所論述的。這是否是說，歷史對於流行過程沒有什麼控制能力呢？歷史無法類推地對型式施加影響，但它確實能對樣式的週期產生作用，干擾，或改變週期。由此而頗為矛盾的是，流行只有一段較長的歷史，或者根本就沒有歷史。因為，只要其週期是固定的，流行就游離於歷史之外。它是在變化，但它的變化是有選擇的、純粹的和自發的。它不過一個簡單的歷時

---

③這不連貫性符合流行的符號特性「**語言只能是突然降生的，事物只能逐漸產生意指的。**」李維史陀為莫斯的《社會學和人類學》（*Sociologie et Anthropologie*）所有的序言，巴黎，P.U.F.，1950年，xlvii 頁。

④然而，有些服裝史學家竭力想在衣服的時期形式和構建風格之間建立一種邏輯關係。尤為著名的是漢森（H.H. Hansen）《服裝史》（*Histoire du costume*），巴黎，弗拉馬里翁出版社，1956年，以及拉弗（J. Laver）：《服裝風格》（*Style in costume*），倫敦，牛津大學出版社，1949年。）

問題⑤。爲了讓歷史介入流行，必須改變其週期，而這只有在長期的歷史時期下才有可能的⑥。例如，如果克魯伯的計算是正確的，我們社會幾個世紀以來實現的是同一個流行週期。**只有當這個週期改變以後，歷史性的解釋才能介入。**由於週期取決於體系（克魯伯自己概括出來的），歷史分析也就不可避免地要沿著系統分析展開。例如，我們可以設想——但這只是一個論證用的假定，因爲它是一個服裝未來的問題——流行週期（我們幾個世紀以來就已經了解這個週期）可能會被阻斷，並且，除了細微的季節變化，衣服很長一段時期以來沒有發生變化。於是，歷史就必須去解釋新的永恆，而不是解釋新的永恆系統本身，或許還會發現，這種變化是一個新社會的符號，取決於其經濟制度和意識形態（例如，「大同世界」的社會）。服裝廣泛的歷史週期所產生的影響程度之微，以至於會形成固定的制度化的年度流行。實際上，那些並不過分的變化，同樣也影響甚微。因爲它們沒有改變我們西方社會服裝的「基本型式」。這裡可能還有一個例子，即古代非洲社會在服裝上的發展歷程。這些社會很善於保持他們的傳統服飾，然而，又聽任它在流行上的變化（每年都在布料、印花等方面有所改變），於是，新的週期便產生了。

---

⑤歷時這個單詞可能會讓歷史學家們感到震驚。然而，必須有一個特定的術語來表示既是時間性的，又是非歷史性的進程。我們甚至可以像布龍菲爾德派（Bloomfieldiens）所做的那樣，用元時性（méta – chronie）來標識時斷時續的進程（參見馬丁內《經濟學》，第15頁）

⑥週期屬於歷史，但這個歷史是一個長期的歷史作爲一種文化物，衣服屬於費迪南·布勞代爾（Ferdinand Braudel）所分析的**長期**〔〈歷史和社會科學：長期〉（Histoire et Sciences Sociales：la longue durée），載於《年鑑》，第13版，第4卷，10月～12月，1957年，第725～753頁〕。

　　正如我們曾經說過的，對於有著穩定週期的歷史時期來說，我們必須讓它與較短的時段形成對立，與最近幾個季節的流行變化，即所謂**微觀歷時**（micro－diachronie）形成對立。這第二個時期（當然，它是包含於第一個時期之內的）的獨特性來源於流行年度特徵。它的外表是由一個大的變化標記的，這種變化在經濟上的應用已是毫無秘密可言。更何況，它還不能窮盡其解釋。流行時裝是由某些生產集團支撐的，他們為了促使服裝的更新，而這種更新如果單憑穿著消費，等著穿破，實在是太慢了。在美國，這些集團被稱為**加速器**⑦。對於穿著服裝來說（與書寫服裝相反），流行實際上是由兩個週期的關係決定的。一個是損耗期(d)，它只在物質需求層面，由一件衣服或全套服裝的自然更換時間構成的⑧，另一個是購買期(p)，它是由購買兩次同一件衣服或全套服裝的時間構成。（真實）流行，可以說是 p/d.如果是 d＝p，即如果衣服一穿破就更換的話，就不存在流行了。如果 d＞p，即如果衣服的穿著超過了它的自然替換時間，那麼就是貧困化。如果 p＞d，即如果買的衣服超過她所要穿的，那就是流行。購買期大於損耗期越多，流行的傾向就越強烈⑨。

　　不論真實服裝的情況怎樣，書寫服裝的週期始終是一年一度

---

⑦與那些圍繞著高級時裝設計師所精心編造的神話相反，很有可能倒是那些千篇一律的成衣在服飾購買的實際加速增長過程中起了決定性的作用。

⑧顯然，一個完全抽象的假設，不存在什麼「純粹」，尤其是對有目的的溝通的抽象需求。

⑨有時候，書寫服裝可以從穿著本身（即由一個所指）產生一種價值。「皮衣的魅力隨時間的推移而增長，就像酒的價值一樣。」（《時尚》）

的⑩。從這一年到下一年的樣式更新似乎是毫無規律的。這種無規律性究竟源於何處呢？最明顯的莫過於流行體系遠遠超出了人們的記憶，甚至——並且首先——是在一個微觀歷時過程中，也看不出任何變化規則。當然，流行可以通過替換一個單獨變項的簡單術語，沿對立方向年復一年地發展：**柔絲**代替了**硬塔夫綢**。柔軟變項的術語「倒轉過來」，但脫離了這種特定的例子，這些變化規則就逐漸變得混亂起來。主要原因有兩個，一是出於修辭，一是出於系統本身。

　　在書寫服裝中，例如，裙子的長度——一般人總是把這個特徵視爲流行變化的重要象徵——不斷因華麗的詞藻弄得含糊不清。除了高級時裝設計師中的頂尖人物經常爲同一年度設想出不同的裙長以外，修辭不斷地用釐米來混淆口頭評估（**長的、較長的**）和量度的區別。因爲如果，在共時層面上，語言經由使服裝裁剪產生的意指變化而加速了意指作用的進程，在歷時層面上，它剝奪了它們活力的對照。對比尺寸（像克魯伯所做的那樣）要比對比言詞容易得多。其次，在系統層面，流行很容易放棄簡單的聚合關係變化（**柔軟/硬挺**），並且隨著年份的推移，轉變爲另一變項的標寫。其實，共時性從來都不過是由遴選出來的特徵構成的整體⑪。支撐物的柔軟性可以標記，其變項可以改變：這就是製造一個新的流行所必須做的一切。在數字上，一個支撐物

---

⑩爲什麼女裝的週期要比男裝的週期快得多？「**男人的衣服，統一製作，無法輕易顯示出一個人的經濟地位，而這一角色便落到女裝身上，因爲男人昰經由時裝，以一種間接的方式來表現他的經濟地位。**」〔楊（K. Young）：《社會心理學手冊》（*Handbook of Social Psychology*），倫敦，勞特利奇和基根・保羅出版社，第4版，1951年，第420頁〕。

和變項所適用的組合取決於支撐物的豐富程度。如果我們保證，一個支撐物平均能適用於17個變項，那麼對於每一個流行來說，也有了超過幾百個可能產生的系統變化，因為我們已經確定了其中60個屬支撐物，加上同一變項的內部變化，支撐物和變項之間的組合就有了充分的自由，所以任何流行預測都是困難的。

其實，這並不重要。我們感興趣的是，如果流行預測是錯覺的，它的結構方式絕不是⑫。在這裡，有必要回憶一下，一件衣服越是一般化，其變化就越是顯得清晰可見。形成一段持續期的一般化時間（像克魯伯的），似乎要比我們生活的微觀歷時性更具組統條理性。一個一般化樣式也是如此，因為如果我們能夠對比外形（書寫服裝不允許這樣做），我們就能輕易地抓住流行特徵的「變化」⑬，其現實化過程是充滿危險的，但其記憶庫卻

⑪這個例子是為說明1958年的「柔性打扮」特徵而挑選出來：「罩衫式襯衫，開襟羊毛衫，柔軟的長裙，茄克袖子下露出袖口，領子捲下，敞開以露出項鏈，輕鬆隨意的腰身部分繫 條柔軟的腰帶，稍重的針織鐘形帽戴在腦後。」這個表述採用了這些特徵：罩衫＋柔軟＋閉合狀態，背心＋屬，裙子＋柔軟，領子、項鏈＋顯露，項鏈＋增加，腰＋標記，腰帶＋柔軟，髮式＋屬＋方式，實體＋屬。

⑫語言也有同樣的問題，它會因為不同單元的數量減少而變得比較簡單，也會因為雙重分節而更加複雜。南美西班牙語只是由21個不同單元組成，但同一種語言的字典卻包含著成千上萬種不同的意指因素，認為系統是排斥偶然因素可能是錯誤的，相反地，偶然性是任何一種符號體系的基本要素（參見R.雅克布森《論文集》，第90頁）。

⑬這就是傑出的服裝史學家杜魯門（N. Truman）所做的［《歷史的服裝》（ Historic Costuming ）］。這種一般化符合克魯伯的基本類型（或者用施特策爾的表達就是基本靈感），由此而導致一段時期之內的服裝。

是完全結構化的。換句話說，流行是在其歷史層面上建構的，那麼，也只有在其認知的層面上，即現實中加以解構。

　　因而，流行的混淆並非出於其地位，而是出於我們記憶的有限性。流行特徵數量衆多，它是無限的：我們完全可以設想一台製造流行的機器。流行的組合結構自然會神話般地轉變爲一種愉悅的現象，一種直覺的發明創造，一種不可遏制、因而也是充滿活力的新型式的擴張：有人告訴我們，流行討厭體系。神話再一次把現實顛倒過來：流行是一種秩序，去製造一種無秩序。這種從現實到神話的轉化過程是如何產生呢？是經由流行修辭進行的。這種修辭的功能之一就是淡化我們對過去流行的記憶，以評議型式的數量和回潮。爲此，修辭不斷地給予流行符號以功能的藉口（似乎要把流行從語言的系統性中抽離出來），它質疑過去流行的術語，使當前流行的術語變得愉悅，它玩弄同義詞，假裝借它們以不同的涵義⑭，它擴大了單個能指的所指，以及單個所指的能指⑮。總之，系統淹沒於文學之中，流行消費者被拖進一種無序狀態，這種無序很快就變成了遺棄，因爲它導致人們以一種新的形式來看待現在。毫無疑問，流行完全屬於一種朔日現象，這種現象可能在資本主義發軔之初，就出現在我們的文明社會裡⑯：以完全制度化的方式來看，新即是一種購買價值⑰。但

---

⑭「1951年，羊毛皮備受推崇；1952年，又成了羊絨皮。」[？]

⑮「緞子占了上風，但絲絨、錦緞、羅緞和緞帶也不例外。」

⑯在文藝復興時期，一旦有人買了一件新衣服，他會立即畫一幅新的畫像。

⑰流行屬於魯耶爾（R.Ruyer）所分析精神食糧現象的一種（〈精神食糧和經濟〉（ La nutrition psychologique et l'économie），載於《應用經濟科學學會會報》，第55期，第1～10頁。

在我們的社會裡，流行中新潮似乎還有明確的人類學功能。它來自其模糊性：既是難以預見的，同時又是系統化的；既是有規律的，同時又是未知的；既是偶然的，又是結構化的。它奇蹟般地揉合了概念性（少了它，他們就無法生活）和生命神話所固有的不可預知性⑱。

---

⑱流行融合了從眾的慾望和孤立的慾望，用施特策爾的話來說，就是不具任何危險的歷險（《社會心理學》，第247頁）。

2. 流行時裝攝影

流行能指（即衣服）攝影存在著方法問題。在這個研究分析開始時，我們曾將其拋開⑲。但流行時裝（並且這種情況日益普遍）攝下的不僅是它的能指，還有它的所指，至少就它都出自「世事」（Ａ組）來說是這樣。這裡，我們要談談對流行世事所指進行攝影，以完成對所指修辭的探討⑳。

在流行時裝攝影中，世事通常被拍攝成爲一種裝飾，一種背景或一個場景，簡單地說，就是一個劇場。流行時裝劇場總是有主題的：一種理念（或更確切地說，一個單詞）經過一連串例子或類比而變化。例如，以**艾文霍**（Ivanhoé）爲主題，裝飾發展出蘇格蘭式、羅曼蒂克和中世紀的變化：光禿禿灌木的枝叉，古老坍塌城堡的城牆，暗道之門和一道壕溝：這是格子裙。這件旅行斗篷適於鄉下陰冷、潮濕天氣穿？北站，金箭頭，碼頭，廢渣堆，渡船。回溯這些意指組合是一個基本過程：理念的聯想。**陽光**使人想起**仙人掌**，**黑夜**使人想起**青銅雕像**，**馬海毛**使人想起**綿羊**，**皮毛**使人想起**野獸**，**野獸**使人想起**籠子**：所以我們會展示一

---

⑲參見第1章。

⑳參見第18章。

位身穿毛皮的女人，在粗鐵柱的後面。**正反兩面穿的衣服**怎麼樣呢？**打牌**，等等。

意義劇場可以採用兩種不同的氣氛。它可以注重「詩學」，因為「詩學」是理念的聯想。流行試圖表現實體聯想，以建立形體的或普通感覺的同義關係。例如，它會把針織毛衣、秋天、羊毛和農場馬車的木材組合起來。在這些詩學鏈中，所指總是出現的（秋天、鄉村週末），但它經由同質實體而分散，包括羊毛、木板和寒冷——概念和質料混在一起。可以說，流行目的在於重新抓住事物和理念的同質性，羊毛轉變為木板，木板轉變為舒適，就像巽他群島（Sonde Islands）上的蝙蝠從枝幹上垂下，如同枯葉的形狀和色彩。在其他情況下（或許日益頻繁），聯想氣氛變得很滑稽，理念的聯想變成了簡單的文字遊戲，像「梯形」主題，模特兒就穿上梯形線條等。在這種式樣中，我們再發現了嚴肅（冬天、秋天）和輕快（春、夏）在流行中的對立㉑。

在這種意指裝飾中，女人是活生生的：衣裝的穿戴者，雜誌不斷地用活動中的服裝代替所指不發生作用的表象㉒。主體被賦之以某種過渡特性，至少主體展示了某種過渡性的更壯觀的符號，這就是「景象」。這裡，流行控制有三種風格，一是客觀的，文學性的。旅遊就是一位婦女彎腰看看路線圖，參觀法國就是把你的視線停留在阿爾比（Albi）花園前面的舊石牆上；母親

㉑所必須揭示的（但誰會教我們去做呢？）是當冬天變成一種模稜兩可的價值之時，有時轉變為家庭的、甜蜜以及舒適的愉悅神話。

㉒實際上，這是流行時裝攝影中最令人奇怪的東西。「活動」的是婦女，而非服裝。憑藉嚴肅的空氣非真實的扭曲，婦女被束之於活動的極端，但她所穿的衣服仍是靜止的。

拉著一個小姑娘，抱在懷裡。第二種風格是羅曼蒂克的，它把景
象變成一幅畫面。「白色的節日」是一位婦女穿著白色衣服，站
在緊靠綠草如茵的湖邊，兩雙白天鵝泛波湖上（「**詩學的出
現**」）；夜晚是一位婦女穿著白色晚袍，懷裡抱著一個青銅雕
像，在這裡，生活接受藝術的保護，修辭有了高雅藝術，就足以
讓人把它理解為它正展示著美麗或夢想。第三種經歷景象的風格
是嘲諷。婦女以一種滑稽的形式，或更進一步，以戲劇化的方式
被攝入，她的姿態，她的表情都是誇張的、漫畫式的。她誇張地
張開大腿如孩子般故做驚奇，擺弄著過時的飾品（一輛舊車），
像一座雕像似的高高地站在台上，六頂帽子疊在她頭上，等等，
總之，由於嘲諷而使她顯得不真實，這就是「瘋狂」是「憤怒」
㉓。

　　這些彙編（詩學、浪漫或「憤怒」）的要點是什麼？或許太
明顯的矛盾使得流行所指不真實。實際上，這些風格的領域不外
乎某種修辭：經由把其所指置於引用標記，也就是說流行考慮到
自身的語彙，而保持某段距離㉔。由此，流行使其所指不真實，
從而使所有較真實的東西都成為其能指，即服裝。經由這種補充
性經濟，流行從對其讀者的一味迎合這種毫無作用的意指背景，
轉移到模特兒的現實，但模特兒卻不因此而凝滯，凍結於景象邊

㉓在這一研究框架內，我們不能確定流行中「憤怒」出現的時間（這或許
　很大程度上要歸因於電影），但可以肯定，它有某些革命性的東西，因
　為它打破了傳統流行禁忌：藝術和婦女（婦女不是取笑的對象）。
㉔精緻的修辭被當做某種技巧：裝飾的過度奢華（相對於服裝的簡潔），
　像影像夢幻樣被擴大。運動的不可預知性（定格於最高點的那一步）。
　模特兒的前台性，她們無視攝影姿勢的傳統，直視你的眼神。

緣。這裡有兩個少女在分享著同一種信念。流行把一朵大雛菊送
給某個女孩，即是給予這種所指以符號（敏感的、浪漫的少
女）。但由此，所指、世事，以及**除服裝以外的所有一切東西**都
在辟邪，剝奪了一切自然主義：除了服裝，沒有什麼似乎眞實的
東西能保留下來。在「憤怒」風格的例子中，辟邪尤爲活躍。這
裡，流行最終達到意義的**失落**，我們在 B 組世事中已加以界定
㉕。修辭是一種距離，幾乎如同否認一樣遙遠。流行效果對意識
的突然衝擊，給符號的讀者以一種破解祕密後的感覺。流行一面
製造出天眞所指的神話，一面又消解了這種神話。它試圖用事物
的虛假本質替代人造即替代文化。它並不壓制意義，而是在用手
指向意義。

㉕參見20－9。

名詞對照表

前言

進程　voyage

索爾緒　Saussure

符號學　semiologie

分化　divise

分節語言　langage articule

書寫的　Mode ecrite

描述的　decrite

語句　phrases

言語的　parle

轉譯　traduction

堙沒的　deborde

能指　signifiant

所指　signifie

理性　raison

意指　signification

夸富宴　potlatch

複製　copierait

概念性　intelligible

第一章

意象服裝　vetement-image

書寫服裝　vetement-ecrit

措詞　tours

真實服裝　vetement-reel

看　voir

技術的　technologique

肖像的　iconique

文字的　verbale

言語　paroles

轉譯　traduties

轉形　transforme

轉換語　shifters

表象　representation

效果　effet

流行服裝　vetement de Mode

表現　represente

印在紙上　imprime

共時性　synchronie

純粹性　purete

流行　la Mode

字符碼　sous-code

超符碼　sur-code

樣式　modele

涂爾幹　Durkheim

莫斯　Mauss

唯社會學　sociologique

意義　sens

文字體　corpus

米什萊　Michelet

言語　langue

她　Elle

時裝苑　Le Jardin des Modes

時尚　Vogue

時尚新聞　L, Echo de la Mode

差別　differences

區分　distinguer

標寫　notations

描述　description

最大限度的　optima

知識　connaissance

知識　savoir

老土　demode

標記　notation

功能函數　function

詞語　dites

自說自話　se dire

言語　langue

語言　parole

制度化的　institutionnel

服裝　vetement

裝扮　habillement

選擇　choisi

意義　sens

噪音　bruit

第二章

對比替換測試　l'epreuve de commutation

共變　variations concomitantes

對比項　classes commutatives

世事　monde

充入　emplissant

同義　equivalence

讀解　lecture

閱讀　lire

符號　signe

服飾符碼　code vestimentaire

深度　profondeur

詮釋　demeler

第三章

服飾　vestimentaire

系統　ERC

分節　articulation

直接意指　denotation

含蓄意指　connotation

對象語言層　langage-objet

元語言層　metalangage

操作法　operations

修辭　rhetorique

習得　enseignee

言說　parlee

忘記　oublier

自然　naturel

角色　role

地質學　geologie

語言系統的一部分　pars orationis

歐伊特　Auteuil

真實服飾符碼　code vestimentaire reel

書寫服飾符碼　code vestimentaire ecrit

術語系統　systeme terminologique

大賽　les Courses

命題　proposition

參照物　reference

剩餘物　reste

小小的　petit

標寫　notation

標記　note

真正的　reelle

證實　prouve

第四章

集合　bloc

轉形　transformation

分形　decoupage

準備　preparation

妥協　compromis

脫水　evaporer

輝煌的　brillant

嚴格的　strict

轉譯　traduisent

訣竅　rcette

理解　realiser

使用　usage

提及　mention

偽句法　pseudo-syntaxe

蒸發　evaporer

同義　l'equivalence

組合　combinaison

蘊涵　implication

連帶　solidarite

聯結　liaison

自然化　naturaliser

戴裝　costume

從頭到腳　de-haut-en-bas

全身　tout-le-long

絲綢的　velu

絲般的　poilu

利特雷　Littre

簡化　reduction

預先編輯　pre-edition

雙重共變　variation concomitante

聚合關係　paradigm

轉換語　shifter

輔助表述　enonc, es subsidiaires

第五章

段語單元　unites syntagmatiques

聚合關係　paradigm

剪裁　raccourci

對象物　objet vise

支撐物　support

變項　variant

母體　matrice

審美上　esthetique

精美　elegante

質料　matiere

衣素　vesteme

食素　gustemes

變項　variant

變項類　classes de variants

長度　longueur

連帶關係　solidarite

雙重涵義　double implication

馬丁內　Martinet

自主語段　syntagme autonome

特徵　trait, feature

第六章

混淆　confusion

擴展　extension

母體的三要素　O. V. S.

特徵　trait

布料　tissu

類項的肯定　d'tune espece

填上　remplir

細節　detail

動詞　chanterons

詞根　chant

匯集組合　recueilli

雙重分節　double articulation

同形異義詞的句法　syntaxe
　homographique

圖式點　pattern-points

例行程式　routine

基本布局　briques

基礎材料　configurations
　elementaires

第七章

抗拒力　resistance

類項肯定　assertion d'sespece

博爾赫斯　Borges

剩餘物　reste

語段　syntagmatiquement

系統　systematiquement

互不相容的測試　the test of
　incompatibilities

屬　genus

統領　coiffe

衣裝　habillement

闡釋　interpreter

具體多樣性　diversite concrete

自然本性　naturelle

第八章

扣件　Attache

子類　sous-especes

類項　espece

類別　variete

記憶庫　pour memoire

親近　rapprocher

第九章

對立　oppsitions

聚合關係　paradigme

半開　entrouvert

布勞代爾　Brondal

類項的肯定　assertion d'espece

抽象　abstracto

現實生活　vivo

極度　degre plein

零度　degre zero

人造　artifice

仿製品　simili

偽飾　le jeu

虛假整體中　faux ensemble

存在著標記　marque

中立的　neutre

構形　configuration

何身　fit

型式　forme

貼身　collant

鼓起　bouffant

移動　mouvement

搖擺　bascule

質感　cenesthesie

巴門尼德　Parmenide

柔韌性　souplesse

作用力　force

體積　volume

尺寸　grandeur

這一個　der

這個\那個　dieser/jener

這　ce

附著　attache

第十章

方向性　orientation

意義點　pointe du sens

增殖　multiplication

一次/多次　semel/multiplex

雙重組合　bipartisme

作用詞　operateur

意義點　pointe du sens

聯結的　connectif

連帶關係　solidarite

套裝　tenue

齊平　　au-ras-de, flush with

組合　　association

介詞　　sur

連詞　　et

管理　　regulation

標記　　marque

顯著的　accuse

內源互動　　dose allopathique

強度　　intensif

程度變項　variant

第十一章

記憶　　memoire

系統產量　rendement
systematique

關聯特徵　trait pertinent

兩極對立　ioppsitions polairos,
polar opposition

失範對立　opposition anomique

數碼主義　digitalisme

理性　　raison

差別對立　Daube/Taube

尾端　　Rad=Rat

中性化　neurealisee

首要音素　archi-beaute

首要衣素　archi-vesteme

短裙　　jupette

泛義素　pansemique

名祖類項　especes eponymes

第十二章

兩件　　deux-pieces

價位　　valences

語段產量　rendement
syntagmatiqeue

典型組合　associations typiques

基本時裝　Mode fondamentale

消殞　　en abime

第十三章

同購　　isologie

里維埃拉　Riviera

平常單元　unites usuelles

獨創單元　unites originales

大溪地　Tahiti

加萊港　Calais

原詞　　primitifs

萊布尼茲　Leibnitz

索倫森　Sorensen

普列托　Prieto

鮑狄埃　Pottier

格雷馬斯　Greimas

牡馬　jument

第十四章

組合　combinaison

選言的　disjonctif

主要語素　archi-semanteme

函數　fonciton

函子　fonctifs

見證術語　termes-temoins

第十五章

錯誤　erreurs

缺陷　fautes, faults

解意指作用　designification

瑞昂萊潘　Juan-les-Pins

啓示　evocation

遊戲　jeu

第十六章

服裝詩學　poetique du vetement

理性　raison

分節特徵　traits segmentaux

超音段特徵　traits suprasegmentaux

形容詞性　adjectif

說者群體　mass parlante

第十七章

詩學　poetique

莫內式　Manet

土魯斯-勞特累克　Toulouse-Lautrec

愛心　caritatisme

種子　grain

第十八章

博爾貝克　Balbec

原型模式　stereotype

做事　faire, doing

逗留　sejours

丹尼‧羅賓　Dany Robin

弗朗索瓦‧薩剛　Francoise Sagan

科萊特‧迪瓦爾　Colette Duval

阿爾伯特・德・穆恩　Albert de Mun

蒂埃里・馮・楚皮倫　Thierry van Zuplen

諾尼・菲普斯　Nonnie Phips

比金錢更具品味小姐　Mademoiselle Plus-de-gout-d'argent

眩暈效果　aucun vertige

卡普里　Capri

加邢利群島　Canaries Islands

克魯伯　Kroeber

微觀歷時　micro-diachronie

艾文霍　Ivanhoe

巽他群島　Sonde Island

阿爾比　Albi

第十九章

比率　ratio

第二十章

雙重分節　double articulation

異化　alienation

公眾親近性　une affinte en quelque sorte publique

都蘭　Touraine

轉形　transformation

附錄

新知叢書

08500	①馬斯洛	莊耀嘉編譯	200元□B
08501	②皮亞傑	馬格麗特・鮑定著	200元□B
08502	③人論	恩斯特・卡西勒著	300元□B
08503	④戀人絮語	羅蘭・巴特著	200元□B
08504	⑤種族與族類	雷克斯著 顧駿譯	200元□B
08505	⑥地位	特納著 慧民、王星譯	150元□B
08506	⑦自由主義	約翰・格雷著 傅鏗等譯	150元□B
08507	⑧財產	阿蘭・賴恩著 顧蓓曄譯	150元□B
08508	⑨公民資格	巴巴利特著 談谷錚譯	150元□B
08509	⑩意識形態	麥克里蘭著 施忠連譯	150元□B
08510	⑪索緒爾	喬納森・卡勒著	150元□B
08511	⑫傅柯	梅奎爾著 陳瑞麟譯	250元□B
08512	⑬佛洛依德自傳	佛洛依德著	100元□B
08513	⑭瓊斯基	格林著 方立等譯	150元□B
08514	⑮葛蘭西	詹姆斯・約爾著	150元□B
08515	⑯阿多諾	馬丁・傑著 胡湘譯	150元□B
08516	⑰羅蘭巴特	卡勒爾著 方謙譯	150元□B
08517	⑱政治文化	羅森邦著 陳鴻瑜譯	
08518	⑲政治人	李普賽著 張明貴譯	250元□B
08519	⑳法蘭克福學派	巴托莫爾著 廖仁義譯	150元□B
08520	㉑盧卡奇自傳	盧卡奇著	250元□B
08521	㉒曼海姆	卡特勒等著 蔡采秀譯	150元□B
08522	㉓派森思	漢彌爾頓著 蔡明璋譯	150元□B
08523	㉔神話學	羅蘭・巴特著 許薔薔等譯	250元□B
08524	㉕社會科學的本質	喬治・荷曼斯著	150元□B
08525	㉖菊花與劍	潘乃德著 黃道琳譯	200元□B
08526	㉗經濟學的新世界	麥肯齊著 黃瑞坤譯	
08527	㉘胡賽爾與現象學	畢普塞維克著 廖仁義譯	200元□B
08528	㉙哈柏瑪斯	普賽著 廖仁義譯	

08529	㉚科學哲學與實驗	以昂・海金著	300元□B
08530	㉛政治行銷	蓋瑞・毛瑟著	
08531	㉜科學的進步與問題	勞登著　陳衛平譯	250元□B
08532	㉝科學方法新論	高斯坦夫婦著	350元□B
08533	㉞保守主義	尼斯貝著　邱辛曄譯	150元□B
08534	㉟科層制	比瑟姆著　鄭樂平譯	150元□B
08535	㊱民主制	阿博拉斯特著　胡健平譯	150元□B
08536	㊲社會主義	克里克著　蔡鵬鴻等譯	150元□B
08537	㊳流行體系(一)	羅蘭・巴特著　敖軍譯	300元□B
08538	㊴流行體系(二)	羅蘭・巴特著　敖軍譯	150元□B
08539	㊵論韋伯	雅思培著魯燕萍譯	150元□B
08540	㊶禪與中國	柳田聖山著　毛丹青譯	150元□B
08541	㊷禪學入門	鈴木大拙著　謝思煒譯	150元□B
08542	㊸禪與日本文化	鈴木大拙著	150元□B
08543	㊹禪與西方思想	阿部正雄著	300元□B
08544	㊺文學結構主義	羅伯特・休斯著	200元□B
08545	㊻梅洛龐蒂	施密特著　尚新建譯	200元□B
08546	㊼盧卡奇	里希特海姆著　少軍、曉莎譯	
08547	㊽理念的人	柯塞著　郭方等譯	400元□B
08548	㊾醫學人類學	福斯特等著　陳華譯	450元□B
08549	㊿謠言	卡普費雷著	300元□B
08550	(51)傅柯—超越結構主義與詮釋學	德雷福斯著	350元□B
08551	(52)論傳統	希爾斯著　傅鏗、呂樂譯	
08552	(53)咫尺天涯：李維史陀對話錄	葉希邦著	300元□B
08553	(54)基督教倫理學詮釋	尼布爾著	200元□B
08554	(55)詮釋學	帕瑪著　嚴平譯	350元□B
08555	(56)自由	鮑曼著　楚東平譯	100元□B
08556	(57)建築現象學導論	季鐵男編譯	450元□B
08557	(58)政治哲學	傑拉爾德著　李少軍等譯	300元□B
08558	(59)意識形態與現代政治	恩格爾著	
08559	(60)統治菁英、中產階級與平民	賀希德著	

08561	62金翅—中國家庭的社會研究	林耀華著	250元□B
08562	63寂寞的群衆	黎士曼等著	200元□B
08563	64中國兒童眼中的政治	威爾遜著	
08564	65李維史陀	艾德蒙・李區著　黃道琳譯	200元□B
08565	66馬克思主義：贊成與反對	杜章智等譯	
08566	67猴子啓示錄	肯・凱耶斯著	150元□B
08567	68菁英的興衰	莫斯卡等著　劉北成等譯	150元□B
08568	69近代西方思想史	史壯柏格著	600元□B
08569	70第一個新興國家	李塞著　范建年等譯	450元□B
08570	71國際關係的政治經濟分析	吉爾平著	500元□B
08571	72女性主義實踐與後結構主義理論	維登著	250元□B
08572	73權力：它的形成、基礎和作用	丹尼斯・朗著	400元□B
08573	74反文化	英格著　高丙中譯	450元□B
08574	75純粹現象學通論	胡塞爾著　李幼蒸譯	600元□B
08575	76分裂與統一	趙全勝著	200元□B
08576	77自我的發展	盧文格著　李維譯	550元□B
08577	78藝術與公共政策	費約翰著　江靜玲編譯	200元□B
08578	79當代社會哲學	葛拉姆著、黃藿譯	200元□B
08579	80電影觀賞	鄭泰丞著	200元□B
08580	81銀翅——《金翅》的本土研究續篇	莊孔韶著	450元□B
08581	82政治與經濟的整合	蕭全政著	200元□A
08582	83康德、費希特與青年黑格爾論倫理神學	賴賢宗著	400元□B
08583	84批評與眞實	溫普儀譯	100元□A
08040	85自我探索	黎惟東譯	350元□B

《 近代西方思想史 》

史壯柏格／著　蔡 伸 章／譯

定價600元

本書將西方自十六世紀至一九七〇年代的思想，做了巨細靡遺
的介紹與闡釋，環環相扣、一氣呵成。讀者除了可深入淺出地
一窺西方各思想大家——如：笛卡兒、洛克、康德、馬克思、
尼采、佛洛依德等——的精彩思想之外，尚可對各思想流派之
演變及傳承脈絡，有清晰的解釋，避免一般人在研究西方思想
時，見樹不見林、囿於一家之言。

《 新知叢書 》已出70冊·總定價16750元

社會學叢書

54001	社會學理論的結構	唐納著	吳曲輝譯	550元□A
54009	教育社會學		馬信行著	300元□A
54023	社會學	史美舍著	周愫嫻等譯	600元□A
54113	理性化及其限制		蘇國勛著	200元□A
54122	政治與經濟		張維安著	200元□A
54124	犯罪學理論	馬克蕭等著	周愫嫻譯	200元□A
54125	社會經濟發展與投票行為		丁庭宇著	150元□A
54127	社會學與社會主義	巴托莫爾著	蔡伸章譯	200元□A
54128	教育與國家發展—台灣經驗		羊憶蓉著	300元□A
54129	環境社會學的出發		王俊秀著	300元□A
54130	社會學導論		盧嵐蘭譯	400元□A

社會工作叢書

54700	老人問題與對策		徐立忠著	350元□A
54701	工業社會工作		蘇景輝著	300元□A
54702	社會工作與醫療		謝孟雄著	300元□A
54703	社會救助的理論與實務		江亮演著	300元□A
54705	老人長期照護的相關論題		謝美娥著	400元□A
54706	家庭壓力管理	波玲・布恩著	周月清譯	300元□A
54707	老人心理輔導指引		關銳煊著	250元□A
54708	工業社會工作實務—員工協助方案		謝鴻鈞論著	400元□A
54709	老人社會工作實務		關銳煊著	300元□A
54710	幫助受創傷的家庭		周月清著	200元□A
54711	社會變遷下的少年偏差與犯罪		趙雍生著	650元□A
54712	老人醫療及護理實務		關銳煊著	300元□A

社會福利叢書

54801	社會福利政策	蔡宏昭著	300元□A
54802	勞工福利政策	蔡宏昭著	200元□A
54803	醫療福利政策	蔡宏昭著	200元□A
54804	老人福利政策	蔡宏昭著	200元□A

社會學新境界叢書

54015	道德社會學	陳秉璋著	400元□A
54017	邁向現代化	陳秉璋著	400元□A
54019	科學社會學	李英明著	200元□A
54020	文學社會學	何金蘭著	200元□A
54022	價值社會學	陳秉璋等著	400元□A

前程規劃系列叢書

54201	生涯規劃概論—生涯與生活篇	黃天中等著	400元□A
54202	休閒與人類行為	涂淑芳譯	450元□A

人類學叢書

39000　人類學導論　　　　　　　　　　宋光宇著　250元□A
39104　應用人類學　　　　　　　　　　謝劍編著　200元□A

語文

80800　桂冠英文文法學習手冊　　　　　葛東萊編譯　400元□A
80801　英文寫作與翻譯　　　　　　　　陳世琪譯　400元□A
85900　野蠻的語聲　　　　　　　　　　許津橋著　140元□B

心理學術系列叢書

17001	嬰幼兒發展與保育	楊婷舒譯	500元□A
17002	社會心理學	安・韋伯著	400元□A
17003	人格心理學	普汶著、洪光遠譯	600元□A
17004	應用人因工程學	貝利著	600元□A
17005	心理學概論	達利等著、楊語芸譯	500元□A
17006	質的評鑑與研究	巴頓著、吳芝儀譯	550元□A
17007	心理學史(上)(下)	托馬斯・黎黑著	900元□A
17008	婚姻與家庭	陽琪譯	400元□A
17009	變態心理學	趙居蓮譯	400元□A
17010	知覺心理學	袁之琦等譯(編印中)	□A
17011	行為改變的理論與技術	馬信行著	250元□A
17012	諮商與心理治療	陽 琪譯	400元□A
17016	學前教育	黃慧真譯	350元□A
17021	學習心理學	王克先著	400元□A
17024	兒童的社會發展	呂翠夏譯	400元□A
17026	發展心理學—人類發展	莎莉・歐茨著	600元□A
17027	兒童發展	莎莉・歐茨著	450元□A
17028	成人發展	莎莉・歐茨著	350元□A
17029	心理衛生	黃曬莉譯	450元□A
17030	神經心理學	梅錦榮著	400元□A
17031	心理測驗學	葛樹人著	600元□A
17081	兒童輔導與諮商	黃月霞著	300元□A
17082	學習團體理論與技術	朱寧興著	300元□A
17086	兒童團體諮商—效果評鑑	黃月霞著	200元□A
17090	心理學	黃天中、洪英正著	600元□A
17091	超個人心理學	李安德著 若水譯	300元□A
17092	認知心理學	鄭昭明著	600元□A
17093	遊戲治療	蓋瑞・蘭爵斯著 高淑貞譯	350元□A
17094	心理學導論	韋伯著 孫丕琳譯	400元□A

17095	心理學	達利等著 楊語芸譯	800元□A
17096	健康心理學	沙勒裴諾著	850元□A

《心理學術系列》已出31冊，總定價13500元

世界華人心理學家的智慧及學術成果

華人社會唯一的本土心理學研究結晶

台灣大學心理學系本土心理研究室編輯

楊國樞主編　本土心理學研究

① 本土心理學的開展

② 文化、心病及療法

③ 親子關係與教化

④ 組織心理與行為

⑤ 中國人的人際心態

⑥ 文化心理學的探索

平裝本每冊定價400元　精裝本每冊定價600元

通識課程叢書

41204	科學的本質	芮涵芝著	400元□A
14001	哲學概論	林逢祺譯	350元□A

公共安全管理系列叢書

| 41203 | 消防安全管理概論 | 王一飛等著 | 600元□A |

桂冠新知叢書38

流行體系(Ⅱ)

著者—羅蘭·巴特

譯者—敖軍

責任編輯—李福海、姜孝慈

出版—桂冠圖書股份有限公司

發行人—賴阿勝

登記證—局版臺業字第1166號

地址—臺北市新生南路三段96-4號

電話—（02）2219-3338

傳眞—（02）2218-2859・2218-2860

郵撥帳號—0104579-2

排版—友正電腦排版股份有限公司

印刷—海王印刷廠

初版一刷—1998年2月

●本書如有破損、裝訂錯誤，請寄回調換●

ISBN　957-730-034-0

定價—新臺幣150元

國家圖書館出版品預行編目資料

流行體系(II)：流行的神話/羅蘭·巴特（Roland

Barthes）李維譯.--初版.--

臺北市：桂冠，1998 [民87]

　　　面；　　　公分.--（當代新知叢書：38 ）

譯自：Systeme de la mode

含索引

ISBN 957-730-035-9（平裝）

1.時尚　　2.服飾—心理方面

541.85　　　　　　　　　　　　　　　87001482

銘　謝　惠　顧

師　大　書　苑

郵　　　撥：0138616～8
門　市　部：台北市和平東路1段129～1號
電　　　話：(02)3941756・3927111
傳　　　眞：(02)3913552
出　版　部：台北市和平東路1段147號11F 之2
電　　　話：(02)3973030
傳　　　眞：(02)3975050